别输在
不会表达上

闫秀文　马丽婷◎编著

北方妇女儿童出版社
·长春·

图书在版编目（CIP）数据

别输在不会表达上 / 闫秀文，马丽婷编著 . -- 长春：北方妇女儿童出版社，2019.8（2022.1重印）
ISBN 978-7-5585-3273-3

Ⅰ . ①别… Ⅱ . ①闫… ②马… Ⅲ . ①语言艺术－通俗读物 Ⅳ . ① H019-49

中国版本图书馆 CIP 数据核字 (2018) 第 292702 号

别输在不会表达上

BIE SHU ZAI BU HUI BIAODA SHANG

出 版 人　师晓晖
策 划 人　师晓晖
责任编辑　关　巍
排版制作　璐语文化
开　　本　880mm × 1230mm　1/32
印　　张　6
字　　数　120 千字
版　　次　2019 年 8 月第 1 版
印　　次　2022 年 1 月第 2 次印刷
印　　刷　阳信龙跃印务有限公司
出　　版　北方妇女儿童出版社
发　　行　北方妇女儿童出版社
地　　址　长春市龙腾国际出版大厦
电　　话　总编办：0431-81629600
　　　　　发行科：0431-81629633

定　　价　32.00 元

前言

Preface

美国著名学者卡耐基说："一个人的成功，有 15% 来自他的专业技术，85% 则要靠人际关系和为人处世的能力。"而良好的人际关系和处世能力最重要的就反映在我们的口才之中。所以，口才是社交场合上立足制胜最有力的法宝。

今天，人际沟通已经成为一个人生活是否愉快、事业是否成功的重要因素之一。无论在什么场合，口才好、善于沟通的人往往更受欢迎。良好的沟通能力，能使许多原来不相识的人携手，也能使陌生人彼此了解，还能为人排解纠纷、清除隔阂。

在职场上，口才好、善于说话的人，才干可以通过语言充分地展露出来，从而使领导、同事更深一层了解和赞赏他，进一步信任他，并将更重要的任务托付给他，帮助他在事业上获得成功。在闲暇时，与家人和亲朋相处，如果你是个口齿伶俐、谈话风趣的人，更容易使生活充满欢乐。

现代社会是一个竞争与合作的社会，有的人在竞争中失败，有的人在合作中成功，这其中奥妙何在？生意场上有“金口玉言”，“利言攸先”之说；政治场上有“一言定升迁”之说；文化界有“点睛之笔”，“破题之语”；生活中常有“生死荣辱，系于一言”。

可见，在现代交际中，是否能说，是否会说，以及与言谈交际相关知识能力的多寡，影响着一个人的成功和失败。我们可以看到，现实生活中，那些事业有成的人，绝大多数都有较好的沟通能力，而且沟通能力越强，活动的天地就越大，成就也就越突出。

言语就如水一般，“可以载舟，亦能覆舟”，在社会上，人们的能力有高有低，快速了解他们，不妨看看他们的口才、口语能力的高低，其主要表现是说话的艺术。

西方世界把“舌头(口才)、美元、电脑”视为人类生存的三大武器，而把“舌头(口才)”放在首位，可见其作用和价值非同小可，口才和交际能力是我们提高素质、开发潜能的重要途径，也是我们驾驭人生、追求事业成功的无价之宝。

翻看古今中外的历史，结合现代社会的实际，口才的重要性无与伦比。正所谓：“一人之辨，重于九鼎之宝；三寸之舌，强于百万之师。”

既然了解了语言的力量，那么从现在开始就让我们对语言重视起来，对口才重视起来。心中纵有山河千万，也终需语言表达于外。

千万别输在不会表达上。

目录

第一章 好口才是受用一生的资本

我们天天都在说话，但是却不一定能把话说得好。怎么叫说得好，说得好就是要把话说得活，说得精，说得巧。并且要明白什么时候该说什么话，要把话说到对方心坎上。会说话是一种高深的智慧，需要我们不断地学习和积累。

口才关系到成败得失

成功学学者们常说："事业的成功与失败，往往取决于某一次谈话。"这话一点也不夸张。美国人类行为科学研究者汤姆士指出："说话的能力是成名的快捷方式，它能使人显赫，鹤立鸡群。能言善辩的人，往往使人尊敬、受人爱戴、得人拥护。它使一个人的才学充分拓展、熠熠生辉、事半功倍、业绩卓著。"

1940年是美、英、苏等国家联合抗击纳粹德国的关键时刻，由于英国处在欧洲反法西斯的最前线，人力、物力都消耗巨大，此时国内的黄金储备已经濒临枯竭，根本没有经济能力按照"现购自运"的原则从美国获取必需的军事装备。而作为美国总统的罗斯福深知唇齿相依的道理，在反法西斯战争旷日持久的情况下，自己的重要盟友英国一旦被纳粹击溃，希特勒便会一朝得势，这势必严重威胁到美国的切身利益。因此，美国必须全力支持英国，为他们提供必要帮助。

但是，在美国国内，有一些目光短浅的国会议员，他们只盯着眼前利益，丝毫不去关心反法西斯盟友和欧洲糟糕的战局，他们只想在英国人身上赚取一笔军火钱。罗斯福深知，应该先说服他们，使《租借法》得以顺利通过，只有这样才能全力支持英国。为此，他在1940年12月17日特别举行了一个意义重大的记者招待会，目的是为《租借法》拉“选票”，以赢得大众的支持。

开始，罗斯福简要介绍了《租借法》，紧接着他用浅显的比喻来陈述了自己的设想：“假如我的邻居家不幸失火，而恰巧在不远处的我家有一根浇花的水管，此时要是赶紧借给邻居拿去接上水龙头，就可以帮他灭火，也可以避免火势蔓延到我家，造成我家的重大损失。但问题是，在借出水管前，要不要跟这位邻居商讨一下水管的价格呢？‘喂，朋友，这根管子是花20美元买的，你得先照价付钱才能使用。’而此时十万火急，邻居去哪里找钱？我想可以这样，只要他灭火之后原物奉还，还是不要他的20美元为好。如果灭火后水管还好好的，并没有损坏，他会连声道谢；如果他把东西弄坏了，他得照价赔偿，我也不会吃亏。你们认为呢？”

这个比喻可谓是举一反三，浅显易懂，大家都纷纷赞成罗斯福的设想。后来经新闻媒体报道，罗斯福的主张很快传遍全球。此番妙语不仅成功说服了议员们无条件支持《租借法》的顺利通过，而且还赢得了丘吉尔和斯大林等反法西斯国家首脑的高度评价，并被后人传为佳话。

从罗斯福的故事中我们可以领悟出这样一个道理：决定一项事业或一个计划成败的主要因素，真的可能只取决于一次谈话。如果我们出言不逊，无理与人争吵，那么，我们将不可能获得别人的同情、理解、合作与帮助。无数成功者的事实证明，善于说话是事业成功的催化剂，它直接影响着我们事业的成败。

口才是一个人智慧的反映，它影响着我们人生中的每一个关键方面，如事业成功、人际关系和睦、生活幸福等。口才也是一种可以随身携带且永远丢不了的能力。

会说话胜过说好话

每一天，我们都不可避免地要说话或听别人说话。我们会发现，和有的人聊天时，总是觉得非常愉悦，原本忧郁的心情会变得豁然开朗；而和有的人说话时，则会让人神经紧张，听到的每一句话都让人如坐针毡；同时，也有一些人，他们刚刚开口说第一句话，就会有人离席，不愿意再听下去了。

把话说好不是一件容易的事。虽然我们天天都在说话，但并不见得个个都会说话。话说得好，小则可以欢乐，大则可以兴业；话说得不好，小则可以招怨，大则可以丧身。所以，话既要说好，也要说巧。

清朝大太监李莲英，是慈禧太后的总管太监，被人们称为“九千岁”，是清末最有权势的宦官。李莲英便是一个深谙语言艺术的人，他才思敏捷，不管应对什么样的场合和人物，都表现得轻松自如。甚至很多时候，连慈禧太后都需要他出面帮助摆脱尴尬局面。也正因为如此，他深得慈禧的赏识。

慈禧有一个爱好，那就是爱看京戏，所以她经常召唤一些戏班子进宫演出。可是她喜怒无常的个性却令被召进宫演戏的戏子们提心吊胆，丝毫没有进皇宫唱戏的兴奋。这戏唱得让慈禧开心，固然是好事，也能得到一些赏赐。可如果哪天慈禧不高兴了，他们可就是提着脑袋唱了。

这一天，当时的京戏名角杨小楼接到了诏书，命他带领戏班进宫给慈禧演出。杨小楼的戏班精心准备，又恰逢慈禧心情不错，整场戏唱得还算顺利。等结束的时候，慈禧将杨小楼叫过来，意欲赏赐一些东西给他。只见她随手一指桌上的糕点说："这些赏赐给你！"

杨小楼一看慈禧的赏赐，心里不由暗暗发愁，只因慈禧吃饭的排场太大，虽然是看戏吃的糕点，却也有好几百样，让杨小楼带回去他都没法拿。杨小楼看慈禧心情不错，便大着胆子叩头说："老佛爷享用的东西，奴才不敢领，请老佛爷另外恩赐吧！"

此言一出，四周的人都倒吸了一口冷气。只因这些侍奉慈禧的人太知道她的脾气了，但凡赏赐的东西，无论好坏都要谢恩领取她才高兴。而杨小楼胆敢拒绝，无异于抗旨，这可是杀头之罪。可是令大家感到意外的是，慈禧的心情居然没有因为杨小楼的拒领而变坏，反而问杨小楼："那你想要什么？"杨小楼想了想，便说："老佛爷能否赐一个字给奴才？"

这个要求并不过分，慈禧听了也很高兴，便让人准备笔墨，当场写了一个“福”字。可是，当她刚刚写完，一个多嘴的宫女便在旁边说：“老佛爷，福字旁边是‘示’字，不是‘衣’字呀！”大家一看，原来慈禧居然多写了一点，将字写错了。被人当众指出错字令慈禧大为难堪，脸色顿时沉了下来。

原本喜乐的气氛因为这一个错字陷入了僵局。慈禧发现自己写错，也不想将错字给别人，但她已经答应要赐给杨小楼，不给又是失信。而杨小楼也不敢领字，因为怕将错字领回去无异于抓住了慈禧的把柄，万一慈禧被人嘲笑，自己肯定脱不了干系。而如果他又一次拒领赏赐，也一定会让慈禧没面子，势必引来她的怒火。进退两难的局面让杨小楼直冒冷汗，不知道该怎么办。

正当大家为难之际，一旁的李莲英走上前说：“老佛爷洪福齐天，她老人家的‘福’自然要比世人的多一‘点’了。要不怎么显示出她老人家的高贵呢？”

慈禧一听，脸上露出了笑容，众人这才长舒了一口气。杨小楼也立刻说：“老佛爷的福小人不敢领。”慈禧也便顺水推舟，另行赏赐，一场危机瞬间消散于无形。

不过是一句话，就令众人进退两难；同样也是一句话，却让大家皆大欢喜。李莲英的睿智令慈禧的尴尬顿解，这也正是他深得宠信的原因。利用语言化解危机的例子，在近现代也同样层出不穷。

在联合国的某一次峰会上，菲律宾前外长罗慕洛和苏联代表团团长维辛斯基发生了激烈的争论。只因罗慕洛不赞成维辛斯基的提议，便遭到了维辛斯基无情的嘲讽，他出言不逊地说：“我们大国怎么会和你们这些小国一般见识！”

此言一出，原本嘈杂的会场顿时安静下来，大家都看着受到挑衅的罗慕洛。只见他彬彬有礼地站起来，对其他参加联合国大会的代表说：“维辛斯基先生说得没错，我只是一个小国家的小人物。但无论何时何地，将真理之石投向狂妄巨人的眉心，从而使他们的言行有些检点和收敛，正是我们这些矮子的责任。”

罗慕洛这番话立刻博得了代表们的热烈掌声，也得到了广泛的支持。而维辛斯基只好在一旁干瞪眼，脸上一阵红一阵白，什么话也说不出来。

如果你不想让自己做一个井底之蛙，就应静下心来努力学习，拓展自己的视野。若想说话不空洞无物，就应下决心积累大批的、雄厚的、扎实的资本，武装自己的头脑，丰富说话的内容，因为好口才本身就是一种资本。

说不出是因为没话题

我们在和朋友、家人一起聊天的时候，话题总是源源不断。但是，为什么有的人一遇到陌生人，就变得头脑空白，说不出话来呢？

在交际中，我们对每一次交谈的话题都应该精心选择，不要想到什么就说什么，凡事必须三思而行。不应随心所欲地张口就来，否则，在还未进入交谈内容时，就已经危机四伏了。但在具体选择这些话题时，要顾及谈话对象。一个话题，只有让对方感兴趣，谈话才有维持和继续的可能。比如，自己是球迷，就切莫以为别人都是球迷。逢人就谈球赛，很可能会让对方感到索然无味。

美国知名记者芭芭拉·华特小姐在刚刚参加工作时，曾经被授命去采访航空业巨头亚里士多德·欧纳西斯先生，这是她做记者以来接到的最大任务。可是当她怀着激动而忐忑的心情见到欧纳西斯时，他却正在与专家们紧张地探讨业界面临的重大问题。

对于欧纳西斯所谈论的货运价格、航线以及对未来的设想等问题，由于太过专业导致芭芭拉根本插不上嘴。眼看时间一分一秒地过去，欧纳西斯已经到了该离开的时候，芭芭拉就要错过采访空手而回了，她心想：我必须找到一个可以引发他兴趣的话题，让他与我交谈。趁着欧纳西斯喝水的间隙，芭芭拉立刻提问：“先生，我想请问您一个问题，您在海运和空运方面都取得了举世瞩目的成就，这非常令人钦佩和震惊。请问您最初的职业是什么？是怎样开始发展这项事业的？”

这个话题成功地吸引了欧纳西斯的注意力，他很愿意与别人分享自己的经历，而整个谈话也立刻朝着芭芭拉所希望的方向开始发展，她以一个精妙的问题作为开始，获得了一次成功的采访。

在与人交谈的时候，需要特别关注对方的特点，避开谈话双方的禁忌，避免进入“谈话雷区”。善于说话的人总是能找到“安全值”最大的话题，引起大家的谈论兴趣。与遭逢不幸的人聊天，应避免聊起不幸的往事；与失恋的人聊天，应该避免聊起爱情与婚姻等问题；而如果对方身体有残疾，则应该尽量避免过分关注他身体的问题。因为这都是谈话的雷区。而与专业人士交谈的时候，在工作之外的时间要少谈工作，在工作时间则应少谈家务；与具备一定社会地位的人聊天时，应该尽量少谈宗教、政治和性等敏感话题，以免引起对方不悦，让谈话陷入僵局。

有一位编辑想邀请一名脾气古怪的作家为自己撰稿，在见面之前，他就听说这位作家让很多编辑都吃了闭门羹，因此心里非常忐忑。当他与作家会面时，发现他果然是一个很难捉摸的人，两个人连话都说不到一起，而编辑因为紧张更加语无伦次。最后自然被作家拒绝，空手而回。

无奈的编辑被深深的挫败感所困扰，回到办公室后他思前想后，寻找着自己做得不对的地方。通过深切的自省之后，编辑认为自己对作家的了解不够，所以才导致了此次会面时遭遇尴尬。于是，他用心收集了报纸和刊物中关于这位作家的所有资讯，仔细研读了他的所有作品，在自己对作家有了进一步的了解之后，又预约了第二次见面。第二次的会面气氛开始时与前一次一样沉闷，但是编辑很快就热情地说："最近您的作品要被翻译成英文在美国出版了，恭喜您！不过您觉得自己作品的风格能否用英文表达出来呢？"这个话题立刻引起了作家的兴趣，因为这是他最近正在做的一件大事，并深深为这个问题所困扰。于是他马上回答说："我也很担心啊，所以一直在寻找好办法，你有什么建议吗？"

在和谐融洽的气氛中，编辑和作家进行了愉快的谈话，编辑获得了作家的认可，作家答应为他写稿；而作家也认为编辑给自己提供了一些有用的建议，与他成了朋友。

从上面这个故事中我们可以看出，在交谈中，地位处于劣势的一方有义务寻找话题，引起另一方的谈话兴趣。求人办事时，有所求的人要寻找可以让对方愉悦的话题；在谈生意的时候，乙方要选择有利于合作的话题。

要寻找话题并不是一件很困难的事。因为在你的生活环境中，凡是能看得到的东西，都可以拿来当作话题。

打造自己从谈吐开始

一个人的能力要获得别人的认可，必须通过一定的途径进行展示。一个表达能力不足的人在展示自己的过程中，必然会遭遇困难。就算是他拥有着卓越的想法，并且付出了十足的努力，可是没有了语言的相助，这些才华和努力也不能被别人所了解。谈话，和作文一样，有主题，有腹稿，有层次，有头尾，不可语无伦次。良好的语言能力不仅可以帮助我们展示自己，更能够为我们辩护，从而获得比别人更多的成功机会，更快地达成自己的目标。

美国前总统里根在访问加拿大的时候，曾经遭遇过一次突如其来的混乱。当时，里根正在讲台上演讲，忽然看到下面一阵骚动，有人还举出了反美的标语。这种行为很快就被维持秩序的警察制止了。但是作为主人的加拿大总理皮埃尔·特鲁多还是感到非常尴尬。

看到皮埃尔·特鲁多脸上挂着不安的笑容，里根总统在讲台上笑着说："这样的情况在美国是时常发生的，我的演讲总是可以遇到这些老朋友。我想今天的这些人或许是特意从美国赶来，为我的演讲助兴的。"

这一番幽默的自嘲让现场本来紧张的气氛顿时变得轻松起来，皮埃尔·特鲁多的尴尬也立刻被化解。在大家雷鸣般的掌声中，里根的演讲得以继续下去。

可见，拥有良好的语言能力能够帮助我们跳出困境，轻松化解难题。但是在我们的日常生活中，当人们遭遇类似的尴尬，却不能做到这般游刃有余。我们看到更多的是期期艾艾和欲言又止。如何让自己的语言表达变得隽永动听，让每一名听众都可以愉悦地接受，并有效地帮助我们取得成功，这就是语言艺术的奥秘所在。

周总理是一个非常精通外交辞令的人，他总是能用轻松的语言化解难言的尴尬，达到举重若轻的效果。在国际外交界中，至今还流传着一个他与美国前国务卿基辛格之间的对话。在联合国的一次会晤中，基辛格对周总理说："中国人走路总是喜欢低着头，而美国人走路却总是昂着头。"

这句话猛一听好像是一种随意的调侃，并不带有任何意味，或许它带着一丝不友善，却没有明显的恶意，因此也让听者无法找出基辛格的失误。如果针锋相对地回答，则会显得有失风度，而如果闭口不言，又会让自己白白令人嘲笑。

周总理听基辛格说完，便也笑着用调侃的语气说："因为中国人在走上坡路，自然要低着头走；而美国人在走下坡路，所以昂着头也不奇怪。"听了总理这一番巧妙的回答，连基辛格在内的各国代表都哈哈大笑起来。

这个回答之中不仅有敏捷的思维，更有恰当的分寸，虽然带着开玩笑的情趣，仔细回味却也能体会到反唇相讥的意味。整个谈话的气氛并没有受到任何影响，但周总理已经很好地维护了国家的尊严。

要想在谈话中有得体的表现，就必须要对自己所说的话有提前的认知和考虑。针对自己的谈话对象以及要讲的内容，每一个谈话者都应该在说话前打好腹稿，在脑海中构想好自己要怎么讲，同时观察周围的环境，掌握对自己的谈话有所影响的各种因素，这正是所谓的"凡事预则立"。

刘罗锅是一个家喻户晓的人物，他本名刘墉，深得乾隆皇帝的信任，乾隆帝不管大事小情都非常乐于与他商议。闲来无事，乾隆帝还喜欢和刘墉聊天，只因刘墉才思敏捷，对答得体，总是能说出让乾隆帝会心一笑的话。

有一回，在议完政事之后，乾隆帝又和刘墉闲聊起来。他感慨地说："我们转眼之间都要变成老人家了！"

看到乾隆帝一脸的伤感，情绪低落，刘墉便笑着说：“皇上，您还很年轻呢，正是做大事的时候。”乾隆帝听他这么安慰自己，只是摇摇头说：“我属马，已经五十了，怎么还年轻呢？你既然这么说，你今年多大了？”刘墉毕恭毕敬地回答说：“皇上，我今年五十，是属驴的！”

听到这个奇怪的答案，乾隆帝立刻来了兴趣，问他：“你我都是五十，我属马，你怎么属驴呢？”

刘墉看到乾隆帝一脸疑惑，便笑着说：“皇上是天子，您属了马，为臣怎么还敢属马呢？所以就只好属驴了。”

这一番对答不仅出乎意料，而且还表达出刘墉对乾隆帝的无限恭敬，不禁让乾隆帝笑逐颜开，刚才伤感的情绪早就一扫而光了。

能够获得乾隆帝的认同，刘墉凭借的不仅是自己的才智，更发挥了语言的无穷魅力。从他的身上，我们可以看到：要想在谈话中获得别人的认同，就要学会使用对方熟悉的语言，谈论对方关心的话题，还要根据谈话的环境进行灵活的变通，只有这样才能契合对方的心情，从而达成目的。

雄辩胜于千军万马

在古代，苏秦曾经凭借三寸不烂之舌游说战国诸侯，成为一代谋略大家。而在近代，孙中山先生通过激情澎湃的演讲鼓舞士气，带领中华儿女推翻了清廷统治。到了现代社会，语言更无时无刻不在发挥着它无穷的魅力，它不仅鼓舞士气，而且凝聚人文，甚至可以起到扭转乾坤的作用。而要达到这一切目的，都必须具备良好的口才。雄辩之人在历史上层出不穷，他们不仅实现了个人价值，更推动了历史的进步。口才，不仅是一种巨大的开拓进取能力，也是一种生存之道！

在清乾隆帝时期，有一位才子因其学识丰富、机智敏捷而闻名于世，他便是纪晓岚。

有一次，乾隆帝突发奇想，想要试一下纪晓岚的才智，便故意问他："何为忠孝？"纪晓岚不知道乾隆帝为什么突然会问起这个，但他不敢怠慢，忙一本正经地回答："君叫臣死，臣不得不死，是为忠；父叫子亡，子不得不亡，是为孝。两者合起来，即为忠孝。”

话音未落，乾隆帝便说：“既然这样，那朕就给你一个机会尽忠，赐你一死吧！”

此言一出，四座皆惊，纪晓岚更是摸不着头脑，想不通皇上怎么会突然就对自己赐死。但“君叫臣死，臣不得不死”是他刚刚说过的话，乾隆帝的旨意又不能违抗，他只好谢恩退朝而去。

看到纪晓岚退下，乾隆帝在心里暗暗发笑，他等着看纪晓岚到底有什么办法来化解这个难题。可是一个时辰不到，只见纪晓岚气喘吁吁地跑回来，跪倒在乾隆帝的面前。乾隆帝故意做出一副很生气的样子说：“朕已经将你赐死，你怎么还活着？难道你想抗旨吗？”

只见纪晓岚一边喘气，一边急切地说：“回皇上，臣领旨之后便到河边去寻死，却遇到了屈原，他问我为什么投河，我将皇上的旨意告诉了他，结果他说：‘我当初投河是因为楚怀王是一个昏君，而如今的皇上却非常圣明，你怎么能说死就死，让他背上一个昏君的骂名呢？你应该先回去问问皇上是不是一个昏君，如果是，你再死也不迟。’所以，臣就回来了。”

听了纪晓岚的解释，乾隆帝也陷入了两难之中：让纪晓岚去死，则说明自己昏庸得像楚怀王。他只好笑一笑说：“既然这样，那你就先活着吧！”

在这个故事中，纪晓岚所采用的办法是“以其人之道还治其人之身”，让双方的面子都得到了维护，而自己也不用去承受乾隆帝的无理要求所带来的伤害。在乾隆帝首先发难时，他的依据正是纪晓岚自己所说的“君要臣死，臣不得不死，是为忠”，他由此出发对纪晓岚提出了“去死”的要求，显得顺理成章。而话是从皇上嘴里说出来的，纪晓岚又不得不服从这一要求，因此他骑虎难下。为了重新掌握主动权，纪晓岚又想出了办法，利用因君主昏庸而投河的前人屈原之口说出了自己不去死的依据，将难题重新抛给了乾隆帝——去死的前提必须是皇上是昏君，而乾隆帝断然不肯在众人面前承认自己是昏君，因此他的要求也就不用去执行了。

纪晓岚的确机智过人，他用机敏的雄辩能力救了自己一命。假如换成另一个人将怎么样呢？假如换作一个同样是学识丰富，但是缺乏表达能力的人，他还能不能回来？或许他已经跳河自杀了！因此，口才的价值，口才的重要性，我们不可低估。

明哲保身，不是人人都能做到的。只有那些口才良好、善于雄辩的人才能临危不惧，从而更好地反击。

沉默比聒噪更有震撼力

生活之中，每一个人都能体会到：安静的环境最能让人放松神经，让理智得到恢复。这是因为嘈杂会让我们的大脑失去判断力，从而贸然地做出错误的决定，说出不应该说的话。由此可见，让自己沉默一会儿，给大脑一点思考的时间，将更有助于你说出正确的话。即便那些故意找碴儿的人，也可以用不变来应对万变，除了语言可以变成我们的武器，沉默也一样可以产生巨大的力量，让对方重新审视你。

小王是一名工人，一天他的一位农村亲戚来看他，顺便给他带来了几只老母鸡。亲戚走后，小王打算养着这几只母鸡，让它们下蛋，于是小王就在厂里围墙的角落上垒了个鸡圈，将老母鸡放在里面饲养。

过了没几天，这事被厂领导发现了，领导让人劝小王将母鸡处理掉，并拆除鸡圈。最终小王也没有执行，于是厂长就派人强行抓鸡拆圈。小王对此很是气愤，他跑到厂长办公室去大吵大闹，而厂长正在办公室坐着，专注地看一份文件，一直没有抬头，也不理会小王的大吵大闹。吵了一会儿，小王觉得没什么意思了，这时厂长拉开写字台的抽屉，甩出一份处理决定给了小王，并告诉他，以后如若再出现类似事件，就勒令其搬出厂区去住。

此时，小王的火气全消，他低着头拿着处理决定像斗败的公鸡一样回去了。

在这次争执过程中，一方大吵大闹，以语言作为武器来攻击对方；而另一方则保持沉默，用无声作为反击，轻松地产生了震撼力量，让对方认识到了自己的失礼之处，可谓不用一兵一卒便赢得胜利。

人们往往会误会沉默的含义，认为沉默就是一言不发，任凭别人说破天也不开口表达自己的意愿。而真正的沉默并非如此，它是利用人的眼神、表情以及身体语言等各种方式，综合地展示自己的内心想法。沉默并不是单一的，它也可以表达丰富的含义，人们选择沉默有时是为了避免矛盾冲突，有时则是以另一种方式来暗示自己的态度。下面这个关于沉默的故事正好说明这一点：

古时候，有个以养马为生的农民。一日，他牵着一匹烈马到集市上去卖，途中感到饥饿，于是到一家小饭馆去吃饭。他刚坐下，看见有一个商人模样的人也牵着一匹马走了过来，那个人顺手也要将马拴在这个农民拴马的那棵树上。农民见了急忙过去对商人说：“我这匹马还没有驯服，脾性十分暴躁，它会把你的马踢死的，所以你还是拴到别处吧。”谁知，那商人非但不听农民的劝告，还十分无礼地说了几句很难听的话，把马拴好后也进了小饭馆。

正当大家都在用餐时，就听见外面响起了马的嘶叫声，人们急忙跑出来看发生了什么事。商人和农民也跑了出来，只见商人的马已经躺在地上奄奄一息了，不用说，肯定是被农民的马踢伤的。于是，商人拽住农民不放，要农民赔他的马，否则就拉他去见官。农民自然没有钱赔他，于是他们闹到了衙门。县官听完商人的讲述之后，向农民提出了许多问题，可农民始终装作没听见，闭口不言。

县官无奈地说：“此人是哑巴，此案无从判起呀！”商人一看，非常气愤，大喊着：“他不是哑巴，刚才他还叫嚷呢！”

县官听了，好奇地问：“你说他不是哑巴，有什么证据？他刚才叫嚷什么了？”

商人此时已经气糊涂了，便将刚才自己拴马时农民规劝自己的话复述了一遍，说完还得意地说：“您看，他不是哑巴吧！”

可是县官听他说完，却笑着说：“他果然不是哑巴，但他既然规劝过你，你不听劝怎么还怪别人呢？你的马也没有理由让他来赔偿了。”

直到此时，那个沉默了半晌的农民才说：“小民刚才沉默正是因为想借他的口说明事由，现在谁是谁非已经清楚了，我也不用再争辩什么了。”

相对口头语言来说，沉默是一项更难掌握的语言艺术，聪明的人并非时刻聒噪，他们更懂得用沉默来彰显自己的价值。姜子牙在渭水河畔遇到文王时，并没有滔滔不绝地表现自己的才能，却让文王领略到了他的非凡气质，从而邀请他助自己一臂之力；诸葛亮在茅庐中深居简出，并没有向世人表现自己的谋略，却一样获得了大家的赞扬，让刘备三顾茅庐前来延请。他们所掌握的沉默艺术已经炉火纯青，沉默并没有让他们的才华被埋没，反而更加引人注目。

沉默就好像盐，在生活中不可缺少，却又不宜占据太多。太少的沉默让语言表达失去魅力，不仅无益，反而有害；而太多的沉默则会让人失去表达的机会，错失成功的机遇。只有将沉默恰到好处地点缀在表达的过程中，才能让我们的语言更具力量。

第二章

表达，当今最重要的社交能力

人在江湖，是否拥有一张巧嘴十分重要。在关键时刻，话说得是否到位，能不能说到点子上，都会产生无法预计的影响。不论在工作上，还是在生活中，我们都能看到铁齿铜牙之人，凭借一张嘴，使许多事情有了转机。在别人训练嘴皮子上的功夫时，我们也不禁跃跃欲试。其实，想练就一张厉害的嘴巴，不是不可能的事情。

与对方同步，交谈者之间要有共鸣

在合唱时，如果都是高音，听起来会比较和谐；如果这时突然乱入一个低音，听起来则会让人感觉怪怪的。与别人谈话也是这样。只有找到了对方喜好的话题，融入其中，才会令对方对你及你的说话内容产生兴趣，一旦产生共鸣，沟通和交流自然会变得流畅。

要想言谈和对方在一个声调上，首要一点是要和对方保持“同步”，找到和对方的共同点或者相通处。让对方意识到你的话语和他存在着某种利害联系，或是让对方也能畅所欲言。这样的谈话才能使对方乐意听，愿意交流，引起“共鸣”。否则，你的言语就无法起到预想的作用。

老王是公司里的销售骨干，多年来碰到过各种各样难缠的客户。这次，公司又遇上了一个棘手的甲方，在很多同行都在为拿下甲方订单而发愁不已的时候，老王却用自己的三寸不烂之舌轻轻松松解决了问题。

老王像其他拜访者一样来到了某公司销售经理的办公室，他早就听同行说了这个销售经理是如何廉洁、古板、不好搞定。许多来找他的人都不知道如何开口，碰了一鼻子灰。于是，老王赤手上阵，打算换个策略。

刚走进经理办公室，眼尖的老王便发现，在办公室最显眼的位置上悬挂着一张巨大的照片。照片上是销售经理和著名导演 ×× 的合影，经理一脸笑容。显然，这张照片对销售经理而言意义非凡。于是，老王便试探性地对销售经理说："经理，我是学编剧出身的，一直都很崇拜 ×× 导演。没想到您跟他有这么好的交情。"一听这话，销售经理仿佛找到了知音，脸上立刻绽开了笑容，也打开了话匣子："我特别喜欢他拍的电影，×× 还没有出名的时候，我们就已经是朋友了……"

接着，二人就影视作品愉快地聊了起来。几个小时之后，老王离开公司时，单子已经轻松在手了。之后，两人便成了相见恨晚的老朋友，经常在一起饮茶聊天，看看话剧，业务交往更是不在话下。

说出别人关心在意的事情，话家常拉客套，从而博取对方的好感，让对方认为你是"同盟"，进而让对方拿你当作自己人，这就是口才的作用。

会说的不如会听的

倾听也是一门学问。有些人的“不会说”，也同“不会听”有关系。做一个耐心的听众并不是一件简单的事。不论在何种情况下，耐心倾听从而掌握谈话主动权的例子都不在少数。

玫琳凯·艾施是著名化妆品品牌玫琳凯的创始人，她就是一个很注重倾听员工意见的人，她总是能从中获益。她说：“从员工的意见中，我们研制出了顾客真正需要的产品。因此，我们的产品才能有别于其他没有此种回馈的化妆品。我正是由于经常听取她们告诉我的意见，才有了今天的玫琳凯。”

无独有偶。

美国西南航空公司聘用员工的方法非常特别，一般的公司都是单独进行面试，而西南航空公司则是一批一批地选拔。当一个人坐在前面接受面试官提问的时候，其他的应试人员都坐在后面等候。其实，真正的被试者是在后面等候的那些人。

面试官在“面试”前边的人的同时，会仔细观察后边的那些等候者们的反应，看他们是不是在认真倾听，还是四处张望、若有所思……

这是因为西南航空公司是一个服务性机构，“日常对话，深度倾听”是公司每一名员工的必备素质。只有能够认真倾听的人才可以参加复试。

积极地倾听并不是在做无用功。要想让自己在交谈中掌握更多的主动权，获得更多的机会，就要会听。交谈中需要互动，需要相互交换意见，从而顺利进行下去。可是如果你置别人的意见于不顾，你的损失将无法预计。

倾听不只是保持沉默，听听罢了。当你在认真聆听时，并不是单纯地接收信息，而是要立即调动自己已有的知识和经验，做出积极的态度反应：理解、疑惑、赞同、反对、喜悦、忧虑等。这些反馈，又使你不断地调整自己的理解，与说话人处于同步思维之中。你不仅融入到了谈话之中，并且有很大的直接收益。而且，在坦诚交谈并认真倾听后，再陈述自己的意见，也会避免造成各说各话的情形，防止交谈话不投机半句多，对人际关系形成不利影响。

倾听能够了解他人，而倾诉则可以被人了解，当双方有了共同点，沟通便悄悄展开了。

手势很重要

手势，顾名思义就是在交往中表达自己想法时用手所做的各种各样的姿势，也被称为“体态语言”。

手势的运用场合有很多，日常生活中的挥手、鼓掌等都属于手势的范围，我们在运用时应根据不同地域场合和目的恰当运用，不然就有可能会引起误会，甚至影响个人的形象，导致工作、交友的失败。

一位美国企业家到法国去做红酒生意，在法国人热情而又浪漫的欢迎会上，他兴高采烈地品尝了法国香槟，这种名酒的醇美香甜也使他称赞连连，两名企业家交谈甚欢。但就在这个时候，他做了一个“OK”的手势，本来是想夸这个酒好喝，但没想到主人立刻显得不高兴起来。原来，在美国本土这个手势是“good”的意思，而在法国的部分地区，这个手势表示了商品的劣质，含有不满意的意思。幸好，机灵的助手及时提醒了他，经过解释和表示歉意后双方才消除了误会。

在这里需要强调一下，“OK”的手势不仅在法国的部分地区代表的意思不好，在墨西哥也是代表性的特殊手势，就像美国人伸出中指一样。所以，如果身在异乡，不了解当地手势的含义，可不要胡乱模仿，或者按照自己的习惯做手势，否则很容易引起误会。

无独有偶，一位巴西商人到俄罗斯去做生意，在经历了千辛万苦的谈判后，双方终于达成了共识。然而就在即将签合同的时候，这位巴西商人做了一个交好运的手势——他把右手攥成拳头，并将大拇指放在食指和中指中间。俄罗斯人的脸色立马就从晴转阴。在一旁的翻译赶快告诉那位巴西商人，这个手势虽然在巴西表示交好运，但在俄罗斯却是侮辱人的动作。巴西人听后连忙道歉，才不至于使这一笔本应愉快双赢的生意因一个不起眼的手势而告吹。

由此可见，不同的手势代表不同的意义，同一手势在不同地区意思也很有可能大大相反，所以我们在运用时一定要加倍小心。但如果我们能合适地运用手势来表达情意，就能起到很好的沟通作用，事半功倍。

此外，我们也可以创造自己的招牌手势，让自己更有个性，让别人对你的印象更加深刻。但是需要注意的一点是，不要轻易模仿别人的手势语言，这样做很容易适得其反，东施效颦。在使用手势语言的时候，也应该大方得体，不要扭扭捏捏，或者过于夸张，否则容易给人留下不好的印象。

称呼不容小觑

称呼语中蕴藏着很深的学问，每个称呼语都有特定的运用语境和范围。特别是在一些初次交往者之间和等级观念比较严苛的企业中，称呼合适与否可能直接决定着彼此的交涉能否顺利进行。正确、得体的称呼是掌握说话艺术的第一要点，在日常工作和生活中，常常会因为称呼上的不得体而造成尴尬的局面，而我们却在事后才认识到。

秘书小蔡新到公司不久，她的直接领导是单位的副总郑建。小蔡每天都要去向郑建汇报请示，小蔡很自然地称呼他为“郑总”，郑总自然乐不可支。但是，很快，小蔡就因为称呼吃了亏。

一天，正牌领导王总到公司视察工作，在向两位老总汇报工作中，小蔡依旧称呼郑建为“郑总”。王总的脸色立刻变得很难看，他讽刺郑建说：“郑总，这个称谓挺好的嘛！”

一听出王总的言外之意，郑建也是一脸通红，小蔡这才意识到自己说错了话。

一个称呼，却让自己在正牌老总心里的印象大打折扣。所以，称呼的得体、正确，在一些场合里，至关重要。

你可以选用比听话人真实身份高的称呼语，让听话人觉得更有身份，更受尊敬，更喜欢自己的称呼。可是一定要分清场合，以免搬起石头砸自己的脚。即使是再尊重，也要有个限度，不张冠李戴。我们事先要有充分的准备，比如在开始互相介绍之前，先对会见对象的姓名、单位、职务进行初次摸底，最好做到心中有数。对方没有谈及的问题，可以进行礼貌的询问。有所了解是必要的，因为是根据对方的自我介绍来称呼他，所以不至于会犯下太大的错误。

要使自己的语言得当，给别人留下亲切友好的印象，就要先掌握好称呼的方式方法，避免产生不必要的误会和麻烦。

第三章

语言是一门艺术，表达是一种技术

与人交往难免会说错话，做错事，得罪人。严重情况下，我们还有可能因为自己的过失给别人造成沉重的精神痛苦和巨大的经济损失。一句“对不起。”或许并不会起到实质的作用，但是却能先稳住人心，再慢慢解决问题。因此，我们需要及时认识到自己的错误，并放下身段，诚恳道歉，通常情况下，总能得到别人的原谅。

“你错了”不好说

在工作中，我们遇到同事的错误，多半好心提醒，可是对方并不领情，反而觉得我们多事，我们自讨了没趣；在生活中，我们遇到长辈、同龄人或是晚辈的错误，想要出言提醒，可是未必能得到对方的感谢，我们这儿急得够呛，别人却没觉着有多严重。一句“你错了”换来的并不一定是感激，却很可能是“你才错了呢！吃饱了撑的”。

常言道：“人非圣贤，孰能无过。”犯错是在所难免的，而人们在犯错误之初，通常都很难及时醒悟，甚至不愿承认自己有错。对他人的错误及时给予纠正确实很有必要，可是，纠正他人的错误又往往是一件费力不讨好的事。

小王到公司上班不久，就赶上部门聚会，老板请大家去唱卡拉OK，小王和部门同事都欣然前往。进了包房之后，小王马上就找了离自己最近的一个沙发坐，其他的同事也都坐在了沙发上。最后进来的老板发现沙发已经被坐满了，就顺势坐在小王身边的一个椅子上。

过了不一会儿，老板就说有事，结了账先离开了。老板一走，本来都很高兴的众人瞬间大变，室内的温度仿佛突然下降了十几度。小王怎么都没想到，这居然是因为自己。一个男同事气急败坏地指责小王说："你这人也太不懂事了，一点儿都没眼色？老板就坐在你旁边，怎么不知道给老板让个座呢？"

小王又羞又气，觉得很委屈，自己长这么大，还从来没被人这样当众说过。自己毕竟是新人，只能把不满放在心里。她不明白，自己刚入社会，不懂人情世故也是很正常的呀，可是为什么开始就没有人提醒，现在倒弄马后炮？这位男同事的初衷并不是想教训小王，他可能只是想教小王在职场上如何做人做事，但是粗暴的说话方式十分不当，不仅让小王尴尬，下不了台，也破坏了当时的气氛。他一心想着小王没给老板让座不对，却不曾想，如果早先他能主动给老板让个座，既避免了小王的疏忽，又适时表现了自己，两全其美。

没有人喜欢被别人批评，也不喜欢接受直接的批评，因为这些都代表自己犯了错误。有的人更是寻找种种借口和理由，让自己的错误变成理所应当，不惜错上加错。其实，在大错铸成之前，不乏反对的声音，也不乏指错的声音，可是都被弃之不顾。因为他们都不能接受三个字："你错了！"纠正错误的方法不能一概而论，只要肯讲究一些策略，都不难做到这一点。

拒绝时要给对方留脸面

在生活中我们经常会遇到别人提出不合理要求的情况，这时我们要学会“拒绝”，并且要合理地拒绝，既不会伤和气，也不会破坏你留给别人的印象。

拒绝是一门学问，因为在拒绝别人的时候，还要体现出个人品德和修养，让别人在你的拒绝中，同样能感觉到你是真诚的、善意的、可信的。在拒绝的过程中，要想不伤和气，依然与对方保持良好的人际关系，那么就要设身处地地站在他人的角度进行换位思考，在不能提供帮助的情况下用同情的语调来婉言回绝。

20 世纪三四十年代的美国总统富兰克林·罗斯福就任总统之前，曾经在海军担任部长助理这一要职。有一次，他的好友向他打听美国海军在加勒比海某岛建潜艇基地的计划。

当时来讲，这是不能公开的军事秘密。面对好友的提问，罗斯福如何拒绝才比较好呢？罗斯福想了想，故意靠近好友，神秘地朝周围看了看，压低嗓音问道："你能对不宜外传的事情保密吗？"

好友以为罗斯福准备"泄密"了，马上点头保证说："当然能。"

罗斯福坐正了身子笑道："我也一样！"

好友这才发现自己上了罗斯福的"当"，但他随即也明白了罗斯福的用意，开怀大笑起来，不再打听了。

罗斯福之所以能忠于自己的职责，严守国家机密——因为他知道，人都有一个共性，喜欢打听隐秘的事情；打听到了之后，又不能守口如瓶，总是想方设法地告诉别人，以展示自己的能耐。罗斯福深谙其中之奥妙，所以，他对任何人都保密。罗斯福使用的是委婉含蓄的拒绝方法，其语言也具有轻松幽默的情趣，表现了罗斯福的高超语言艺术：在朋友面前既坚持了不能泄露秘密的原则立场，又没有令朋友陷入难堪，取得了非常好的语言交际效果。

下面是一个发生在身边的例子。

两个打工的老乡，找到在某市工作的李某，倾诉了一番打工的艰辛，一再说住不起客店，想租房又没有找到合适的，言外之意就是要借宿。

李某听后马上暗示说："是啊，城里比不了咱们乡下，住房太紧张了。就拿我来说吧，这么两间耳朵眼大的房子，住着三代人。我那上高中的儿子，没办法晚上只能睡沙发上。你们大老远地来看我，应该留你们在家里好好地住上几天，可惜做不到啊！"

两位老乡听后，应和几句，知趣地离开了。

两个老乡没有直接向李某提出借宿请求，而只是一味地埋怨在城里找房子住如何困难；李某也假装没听出来弦外之音，立刻附和他们的观点，并说自己家住房如何紧张，为不能留他们住宿而表示遗憾。老乡听了这番话，既明白了李某的难处，又知道他在拒绝自己，只好离开了。

习惯于中庸之道的中国人，在拒绝别人时容易产生一些心理障碍，这是受传统观念的影响，同时，也与当今社会某些从众的心理有关。其实，做到"在拒绝的同时，为双方留下脸面和余地"并不太难，可以尝试下面这些说法（做法）：

"哦，是这样，可是我还没有想好，考虑一下再说吧。"

"哦，我明白了，可是你最好找对这件事更感兴趣的人吧，好吗？"

"啊！对不起，今天我还有事，只好当逃兵了。"

可以使用摆手、摇头、耸肩、皱眉、转身等身体语言和否定的表情来表示自己的拒绝态度。

“哦，我再和朋友商量一下——你也再想想，过几天再决定好吗？”

“今天咱们先不谈这个，还是说说你关心的另一件事吧……”

“真对不起，这件事我实在是爱莫能助了——不过，我可以帮你做另一件事！”

“你问问他，他可以作证，我从来不干这种事！”

“你为我想想，我怎么能去做没把握的事？你想让我出洋相啊。”

将“上谕”暂时放到一边

人们在和地位较高的人交往时，难免会有紧张小心的心态。由于地位的悬殊，心理上会产生两难的局面，有时即使你夹着尾巴做人，也有可能出现闪失。要清楚，领导较之于你，地位比你高，有决定你饭碗和命运的权力。下面的一则寓言就生动地说明了这一点。

狮王想吃掉他的三个大臣，于是想出了个骗局。它张开大口，叫熊来闻闻它的嘴里有什么味道。

“大王，您嘴里的气味很难闻，又腥又臭的。”熊是老实巴交的，自然实话实说。

狮王大怒，说熊侮辱了身为百兽之王的它，罪该万死！于是就猛地扑了过去，把熊给吃掉了。

接着，狮王又叫狐狸来闻。

狐狸看到熊的下场，便极力讨好狮子，它说：“啊！大王，您嘴里的气味非常好闻——既像甘醇的酒香，又似高级的香水。”

狮王又是大怒，它说狐狸太不厚道，是个马屁精，肯定是国家的祸害。于是又扑上去，把狐狸也吃了。

最后，狮子问兔子闻到了什么味。

兔子答道："大王，非常抱歉！我最近伤风，鼻子不通气——现在什么味道也闻不到了；大王您如果能让我回家休息几天，等我的伤风好了，一定会为您效劳。"

狮子找不到理由，只好放兔子回家了；兔子趁机逃之夭夭，保住了性命。

这则寓言的寓意是：上司地位较高，又有权力，往往自以为是，一直习惯了高高在上、指手画脚；有时候会反复无常，即使下属完全按其想法做事，也会导致他的不满——因为他顾虑的东西，是下属难以想象的。

在与领导相处时，如果接到领导不冷静、不理智的命令，下属不能一味地听从，必要时，可以"顾左右而言他"，不理会领导的无理要求。即便是下属在工作关系上隶属于领导，但下属也有独立的人格，不可能什么事都不分善恶是非地绝对服从。

齐景公有一次大宴群臣。酒酣之际，齐景公便有些忘形，他对大臣们说："各位今天可以痛快地饮酒，不必受君臣之礼的拘束！”

群臣纷纷谢恩，可偏偏晏子却“不知好歹”，他严肃地对齐景公说：“大王的话不妥！禽兽都是以雄健有力者为首，弱肉强食，所以每天都在更换首领。大臣们若抛弃礼节，就可能有更换国君的危险，敢问您将怎么处理呢？”

齐景公听了很不高兴，背过身子，不理会晏子。

过了一会儿，齐景公出去方便。回来后，晏子就坐着不动，也不起身；君臣碰杯，晏子也不谦让，只自顾自地先饮。

齐景公怒容满面，瞪着晏子说：“刚才你不是还教训我不能没有君臣礼节吗？你讲的礼节都哪儿去了？”

晏子当即离开座席，向齐景公拜了再拜，恭敬地说：“我哪里敢这样做呢？之所以这么做，是想让国君了解没有礼节的实际情景啊。”

齐景公听了恍然大悟：“原来是我的错啊！先生请入座，我按你说的办就是了。”

此后，齐景公完善礼法，整顿制度，从此官员守礼，百姓肃然。

以子之矛，攻子之盾。当下属暂时没有能力改变上司的错误观点时，最好的办法就是以上司的观点说话行事，借此给他本人以“响亮的耳光”。

唐太宗时，大将尉迟恭就能够巧妙地处理好与唐太宗的关系。有一次，唐太宗与吏部尚书唐俭下棋。不料，这吏部尚书唐俭不懂奉迎，又爱逞强，使尽解数，将唐太宗逼得步步弃子、落花流水。唐太宗一时觉得很没面子，又因为平日唐俭言语直露，甚是不恭，就想治罪于他。于是派尉迟恭去搜罗唐俭的罪状。尉迟恭没有直接反抗，而是采取“和”的办法。回来后劝谏唐太宗三思而后行，闭口不提唐俭的短处。唐太宗火气消后，冷静下来，自知无理，便作罢了。

假使尉迟恭一味地附和唐太宗，真正地将唐俭所谓的“罪名”搜罗出来，导致唐俭被杀；等以后唐太宗冷静下来，又肯定会治罪于尉迟恭，那可真是害人害己，自讨苦吃。尉迟恭巧妙地不去搜查唐俭的“罪过”，使得唐太宗不至于情急出错，同时也保全了自己，并落得好名声，可谓是一石三鸟。

学会说话拐个弯

在日常生活中，直接辱骂别人，听者当然很容易就能听出来，如果说话人使用的是隐含的侮辱人的话，听话人就更应该注意了。听话人不仅要善于听出对方的恶意，而且必要时还可以“以其人之道还治其人之身”，给对方一个含蓄的回击。

据说，有一位商人看到诗人海涅（海涅是犹太人），就对他说：“我最近去了塔希提岛，你知道在岛上最能引起我注意的是什么吗？”海涅说：“你说吧，是什么？”商人说：“在那个岛上呀，既没有犹太人，也没有驴子！”海涅却回答说：“那好办，要是我们一起去塔希提岛，就可以弥补这个缺陷。”这里商人把“犹太人”与“驴子”相提并论，很明显是在暗地里骂“犹太人与驴子一样，无法到达那个岛”，而海涅却听出了对方的侮辱和嘲笑，回答时话里有话，暗示这个商人就是头驴子，使商人自讨无趣。

直言直语有两种情况，要么是一针见血，要么是胡言乱语。

一针见血地说出别人的毛病，即使出发点是好的，但其杀伤力极强，很容易使别人下不来台。如果能用婉转一点的方式提示别人，其效果要远远好于直言直语。

从前，英国有个倒卖香烟的商人去法国做生意。一天，他在巴黎的一个集市的台上滔滔不绝地大谈吸烟的好处。突然，从听众中走出来一位老人，连个招呼也不打，就走到台上非要讲一讲不可。那位商人毫无精神准备，不禁吃了一惊。

于是老人在台上站定后，就大声说道："女士们，先生们，对于抽烟的好处，除了这位先生讲的以外，还有三大好处哩！不妨让我来讲给大家听听。"

英国商人一听老人说的话，转惊为喜，连忙向老人道谢说："谢谢您了，老先生。我看您的相貌不凡，说话动听，肯定是位学识渊博的老人，请您把抽烟的三大好处当众讲讲吧！"

老人微微一笑，马上讲起来："第一，狗见到抽烟的人就害怕，就逃跑。"台下的人都感到很莫名其妙，商人则暗自高兴。"第二，小偷不敢到抽烟人的家里去偷东西。"台下的人连连称怪，而商人则喜形于色。"第三，抽烟者永远年轻。"台下一片轰动，商人顿时满面春风，得意扬扬。

接着老人把手一握，说："女士们，先生们，请安静，我还没说清楚为啥会有这样三大好处呢！"商人分外高兴地说："老先生，请您快讲呀！”“第一，在抽烟的人中驼背的多，狗一看到他们以为要拾石头打它哩，它能不害怕吗？”台下的人发出了笑声，商人却吓了一跳。“第二，抽烟的人夜里总爱咳嗽，小偷以为他没有睡着，所以不敢去偷东西。”台下的人一阵大笑，商人在那里大汗直冒。“第三，抽烟的人很少有长寿的，所以永远都年轻。”台下的人一片哗然。

此时，大家一看不知什么时候倒卖香烟的商人已经偷偷溜走了。

随着这样的步步深入，几个“迂回”，那个商人能不溜走吗？

曾经有这样一个故事，触龙劝说赵太后同意让小儿子到齐国做人质，就是运用了这种“迂回”的手法。他在众大臣劝说无果的情况下，上前劝说，先是关心太后的身体健康，然后又向太后请求为自己的小儿子安排工作，在一步一步打消了太后的思想顾虑之后，又用“激将法”说她是爱自己的女儿胜于爱小儿子，再接下去道出了“为之计深远”的大计，最后终于说服太后让小儿子去齐国做人质。

可以想象，假如触龙直接劝说，是不可能取得好的效果的。其实，也就是在说话时，在步入正题前先做一个“铺垫”，说话“迂回”一些，然后再一步一步导入重心，这样就会收到良好的效果，就像游览古典园林，“曲径通幽，渐入佳境”。

批评是万不得已的下策

批评是危险的。因为它常常伤害一个人宝贵的自尊，伤害他的自重感，并激起他的反抗。英国有句民谚：要记住，批评是用来解决问题而不是侮辱人的。

Z 先生是纽约市的一个年轻律师，有一次，他在联邦最高法院审理一宗涉及巨款和违法的重大案件时出庭辩护。当时一名法官对他讲：“根据军舰制造厂限制条款，你的当事人应判 6 年刑，难道量刑不当吗？”Z 先生看了法官一眼，尔后开门见山地说：“尊敬的法官，这种条款是不存在的。”

事后 Z 先生说：“法庭鸦雀无声，室内温度好似突然降到了零下。我是对的，法官是错误的。于是我就向法官直言陈述了自己的观点。可你想他能同意我的观点吗？不会的。但我仍然相信自己的观点是符合法律规定的。我觉得这次辩护发言比以往任何一次都成功，但就是没能说服法官。当我指出这名法官的说法不对时，我已经是在犯一个大错了。”

真正有智慧的人，决不会简单地批评对方，让对方接受自己的意见。

我们不要去责怪别人，而是要试着去了解他们，弄清他们为什么会那么做。这会比批评更加有效，而且这样做还能产生同情、容忍以及仁慈。了解了一切，就会宽容一切。

已经去世的“百货大王”约翰·华纳梅克曾经承认：“我在 30 年前就已经明白，批评别人是愚蠢的行为。我并不埋怨上帝对智慧的分配不均，因为要克服自己的缺陷都已经非常困难了，当然更没有时间去埋怨上帝了。”

与人相处时，切记：与我们交往的不是纯粹按道理或逻辑生活的人，而是充满了感情的，带有偏见、傲慢和虚伪的人。批评是一根导火线，它足以使人的自尊爆炸，这种爆炸有时会具有极大的杀伤力。

中国有句老话说：树活一张皮，人为一张脸。有的时候，对方虽然做错了，你批评他，他心里会不太舒服，有的甚至会对你怀恨在心。他明明知道自己做错了，但是在听了你的严词批评后，他有时就不会主动认识到自己的错误而去改正；而如果他并没有犯错你却批评他了，没有胸襟没有气度的人便会勃然大怒，这样，下不了台的只能是你自己，所以，使用批评要特别地谨慎小心。

南北战争时，林肯总统一次又一次地任命新的将军带兵打仗。而每一个将军——麦巴里兰、波普、伯恩基、胡克尔、格兰特——相继惨败，使得林肯只能失望地踱步。全国有一半以上的人，都在痛骂那些差劲的将军们，但林肯信守“不对别人批评，只对大家祝福”，一声也不吭。他喜欢引用的语句之一是“不要评议别人，别人才不会评议你”。

当林肯太太和其他人对南方人士有所非议的时候，林肯回答说：“不要批评他们，如果我们在同样情况之下，也会跟他们一样。”

因为林肯知道，这些批评不会起到任何作用，只会使事情向更坏的方向发展。

坦率给人提意见的人，即使不因此招人怨恨，至少也难以受到欢迎。这是因为人们都有强烈的自尊，都有面子的需要，都希望受到表扬而拒绝批评。明知道别人有过失而不及时批评纠正，无异于怂恿其继续犯错误，但在提意见的时候如果施行“无麻醉手术”，言辞激烈可能使对方坚持错误，产生抵抗心理。

我们在万不得已需要批评别人的时候，首先必须对被批评者寄予同情。这里的同情，当然不是指去同情他的错误，而是要谅解他犯错误的原因和体谅他已经犯了错误时的难过心情。只有这样，我们在批评他时，才不至于把话说得太难听。只有当被批评者认识到你是同他站在一起而不是同他敌对时，他才有可能接受你的批评。

第四章

谈吐是人的脸面，也代表了你的身价

为什么一些穿着体面、打扮时尚的人仍然没有自信？往往是因为他的内在修养无法与之匹配。当修养成谈吐肤浅时，我们很难给别人留下深刻的印象。你虽然贫穷、长相平庸、穿着普通，但是你可以说话掷地有声，用谈吐来提高你的身价，让你变得与众不同。

少一点啰唆，多一些干货

当我们面对那些说话唠唠叨叨、拖泥带水、言语空泛而没有重点的人，心里多多少少会有些厌烦。

关于啰唆，有这样一个笑话：

有一位“啰唆先生”在写给家人的信中说：

“……吾于下月即将返里。不在初一即在初二，不在初二即在初三，不在初三即在初四，不在初四即在初五，不在初五即在初六，不在初六即在初七，不在初七即在初八，不在初八即在初九……不在二十八即在二十九。其所以不写三十，因月小之故也……”

“啰唆先生”的这封信，主要就是一个意思：“我下月将回家”，可是他却写了一大篇，说来说去都是一个意思。虽然这仅是一则笑话，但它证明了：说话要简洁明快，言简意赅，不要太啰唆，否则就会失去魅力。

语言简洁而明快，能够表现出人的高超的认识能力和思维能力，体现说话人的性格果敢决断，有自信，能够快速而深刻地分析问题。快节奏的现代社会，人们的时间观念越来越强，如果能够办事果敢，说话干脆果断，不拖泥带水，会留给人精明能干的良好印象。

怎样能使说话言简意赅，不啰唆呢？

其实，想要说话简洁明了，并不是很难。在叙述一件事情时，尽量用最简明的方式向他人说明。有人虽然说了很多，但还是没有说出真正的意思，白白占用别人的时间和精力。要避免啰唆的最好办法是，在说话之前，先在脑海里制定一个初步的计划，然后再简单讲出来。

有时为了吸引别人的注意，需要使用叠句或加强语。叠句不是不可以用，但不能滥用，否则就会显得拖沓。比如，小孩子为了要求得到满足，常会问父母："行不行？行不行？"一个劲儿地重复着，父母大多会不耐烦地回答："不行！"

语言博大精深，丰富多彩。我们尽量在允许的范围内使表达更加多样，因此要注意避免频繁地使用一个名词。即使是新词汇，如果被反复地说，也会失去新奇感，甚至会引起别人的厌倦。

原来言语也可以“瘦身”

为了自己的演讲能够获得掌声，深入人心，许多人常常把演讲稿写得烦冗不堪。其实，演讲并不是一个“大胖子”，多多益善。能够避免赘词，“玲珑有致”的演讲稿，才是一篇优秀的演讲稿。

一位主人在用餐之前，向所有客人致辞，他就犯了“啰唆”的毛病。下面来看他的致辞的具体内容：

各位来宾、女士们、先生们，首先让我说声大家好，平常我承蒙各位照顾，一直希望能有机会报答在座的各位，希望能表示我的一点谢意。今天特地邀请各位来参加这个宴会。各位能在百忙中大驾光临，真使我觉得三生有幸，蓬荜生辉，特地在此表示谢意。

其实，利用今天这个机会来讲公事是一件不礼貌的事情，但是我也是身不由己，请大家先接受我的道歉。公司数年来一直苦心研究的新产品终于研制成功了，并且在大量地投入生产，今后开辟市场和销售方面，还须仰仗各位，因此特地摆席设宴，聊表心意。

过去几年已经有不少新产品的销售都仰赖各位，并且接到不少订单，为公司带来不少效益。敝公司对于产品的销售能有十足的信心和把握，都是托大家的福，对于这一点，敝公司非常感激。现在再度重托各位，但愿各位能再为新产品推广销路。总之，请容我再度向各位表示感谢。

这次的新产品，和同类的产品相比，有诸多优点……说句发自肺腑的话，凭借着这些优点，新产品理所当然获得好评。今天麻烦各位专程来参加宴会，但因准备不周，未能尽心招待，草草备有酒菜，还请各位慢慢饮用，并且开怀畅谈。

不知不觉讲了这么一大堆话，深表歉意，请各位宽恕我的无礼。最后再一次谢谢各位给我们产品的关怀和照顾。现在谨以拙词聊表十二万分谢意，并且预祝各位事业如意，精神愉快。

本来几句就可以介绍完的事情，这位主人却洋洋洒洒说了一大篇。等他说完，酒菜恐怕早已经变冷。

莱特兄弟在成功发明飞机之后，声名远播。在庆祝大会上，他们的演说非常简短。他说："各位先生，各位女士，鸟类中最善于讲话的鹦鹉是不会飞的，而我则不善于讲话。谢谢各位！"

几句话，却引来无数的掌声。

其实，讲话要取得成功，无须长篇大论，能做到用最少的字句，包含尽可能多的内容，并打动听众，就已经成功了一大半。所以我们讲话时，言语该“瘦”的地方要“瘦”，该“胖”的地方要“胖”，有重点，有曲线，饱满而有力。

说话要合情合景

当我们参加一些比较温馨的宴会时，一定要注意自己说出来的话是否符合当时的场合，要让自己的话语融入氛围之中，即便你心内悲伤，也不要在这样的场合中完全暴露，否则就会因为你一个人破坏了宴会的整体氛围，这样的你不会赢得别人更多的同情，反而会让人觉得你不懂事，故意捣乱而已。就像下面这个案例：

某高等院校中文系的两位老教师退休了，为此，该校为二人举行了一个欢送会。在会上领导自然会对他们的工作和为人进行一番热情洋溢而又得体的肯定和赞扬。人多了总是有比较的，所以对那位曾经获得过先进表彰的老同志的美誉自然会多一些。这就让没有获得过先进的老同志心里有点难过。所以当轮到两位退休老教师致答谢词的时候，他们自然会对大家的欢送表达深深的感谢。一时间，会场里充满了令人动情的温馨气氛。作为欢送会，答谢的话本应该点到为止；然而，有位老教师却并没有就此打住，而是将自己心里的悲伤说了出来，他在主席台上大发感慨，说自己很遗憾，从来也没有得过一次先进……

话还没说完，坐在他对面的那位青年教师就开了口，告诉他不用这样难过，他没有当上先进，不是因为他不配，而要怪大家没有给他提名。一时间大家都感觉到了青年教师话语中带着刺，老教师被这句话说得面红耳赤，眼角眉梢也被“刺”出了一股忧伤的表情，一时间会场中所有的人都处于一种尴尬的状态。

领导见势头不对，赶紧接过话茬，想缓和一下会场的气氛。照理说，他应避开“先进”这个敏感的话题，引导着众人谈论其他的事情。然而，他却反复就“先进”这件事情劝慰那位退休老教师。如此一来把本应该避而不谈的话题做了重复和引申，使会场本就尴尬的局面变得更为紧张而尴尬。

这个案例中没得过先进的老教师和他的领导都没有注意说话应该符合场合需要的特点，这就不可避免地引起了众人的尴尬。所以要想得到大家的认可和尊重，一定要懂得说话的艺术，在恰当的时机说出最得体的话语。

动嘴之前先动眼

有句俗话说:“见人说人话，见鬼说鬼话。”这不仅说明一个人要善于说话，还强调要懂得见到不同的人时要说不同的谈话内容。但是，要说出漂亮的话，要人都喜欢听，能听进去，是比较困难的。谁知道别人爱听什么、不爱听什么呢?这就要“看”，要看清是对谁说话，还要一边观察一边说，一边说一边观察。

徐坤就是一个懂得察言观色的人，他一直是老板跟前的红人。他总结自己能在老板面前得宠的原因，很重要的一点是看领导的脸色、动作以及老板说话声音高低、腔调等的变化，在细细总结这些后，他才说出自己的看法。

如果老板满脸红光，时不时地哼着歌，说明此时老板的心情很好。如果在汇报工作时，老板表情严肃，半天都没有表态，就要做好心理准备，老板有可能会就工作发问，或是不太赞成，一定要弄清楚老板的想法，并按照老板的意思来施行。

他每次都仔细观察老板的脸，因为从老板的脸上也能看到阴晴。如果老板嘴里已经答应了自己，但是老板的眉头却紧皱着，抑或是他的嘴唇突然紧闭，嘴角向下，这表示他内心并不愉快。老板的话其实是言不由衷，或者是碍于面子，不得已才这样说。

的确，每一种体态、每一种动作都可以被认作是一种特殊语言，都在展现一个人的内心。问题是我们能不能看懂这些体态表情，领会体态语的内在含义。比如，你发现谈话的对象双脚并立，双臂交叉在胸前，这表明他对你怀有某种敌意，这是一种自我防卫；当他双臂交叉，双拳紧握时，说明他不只在自卫，还会攻击你。如果谈话的对象常常向你摊开双手，这表明他对你真诚坦率，他对你并没有防备心理。

与人交谈时不仅要看他说了什么话，而且还要注意对方说话声音的高低、强弱、快慢、腔调等变化，从而得知言外之意，听出弦外之音。说话声音有多种变化，能够表现一个人的性格。说话节奏快、声音响亮的人多是急性子，说话节奏缓慢、声音低沉多半是慢性子。而语速也能表明一个人的情绪与心境。例如，忧伤时，语速较慢、声音低沉、节奏比较平缓；而兴高采烈时则恰恰相反，语速很快，声音较高，节奏感强烈。

从这些表情变化中，我们便可随时猜度对方的心理态势，揣摩对方的心思。随时调整自己谈话的内容与方式，就会向对方的思想线索靠近。

第五章

语气轻松，用幽默化解尴尬

尴尬总会不经意地出现在谈话中。不会说话的人想要化解却无计可施，只有抓耳挠腮的份儿。其实，想要化解尴尬的话题，可以试试幽默这剂良药。在朗朗的笑声中，一切尴尬和不快都将抛到脑后，随声而逝。不要认为幽默深不可测，可望而不可及。其实，只要肯做些功课，幽默就不难掌握。

若幽默是水，那沟通是井

如果将沟通比喻成井，那么幽默就是井中的水。没有了幽默，沟通也变成了一口枯井。幽默风趣的言谈，使沟通变得更加畅通简单。无论是在日常生活中，还是在重大的社交场合，幽默的人总是能够吸引别人的目光，给人带去快乐。

美国著名作家马克·吐温有一次到一个小城里。在临行之前，别人好心地告诉他，那里的蚊子特别多，一定要小心。到了那个小城之后，他找到了一家旅店，就在登记房间时，一只蚊子大张旗鼓地在马克·吐温的面前盘旋。旅店的职员特别尴尬，赶紧驱赶蚊子。

马克·吐温温和地看着职员，满不在乎地说："贵地的蚊子真是聪明至极！它懂得预先看好我的房间号码，以便夜晚光顾，美餐一顿。"

旅店的职员和其他旅客都被马克·吐温的话逗得哈哈大笑。结果这一夜马克·吐温睡得十分安稳。原来，旅馆的职员知道这就是大名鼎鼎的马克·吐温，为了不让这位大作家被蚊子叮咬，全体职工一齐出动，守护了一夜。

人与人之间的沟通的确因为互联网等通信手段而更为便捷、多样化，但是也变得更加公式化、格式化，交流的手段多了，“味道”却变淡了。直白的、生硬的语言并不能起到良好的沟通作用。如果我们在谈吐中加入幽默，充分利用语言的优势，表现得诙谐而风趣，那沟通效果肯定会不一样。幽默的谈话可以吸引听者的注意力，拉近同听者的关系，进而变得更加亲密。如果你的话能使听者情不自禁地笑了起来，就表明他已全面地进入了与你的思想交流之中。你就成了交谈的主导。

沟通中如能幽默，就如同像是在做菜时放入了调味品，英国作家哈兹里特曾恰当地将幽默在沟通中的作用，这样生动地比喻。它形象地说明：沟通中绝不可缺少幽默。尽管你说的话里包含着许多实在的内容，但是假如没有幽默的话，就会毫无味道，也缺少魅力。

会沟通，善于幽默的人，常常能面面俱到。他们能将幽默变成源源不断的水，在沟通这口井中取之不尽，用之不竭，这便是一种智慧。

幽默是生活的调味品

幽默是让语言变得更为生动的表现手法，尤其是在与人相处的过程中，幽默是一种不可或缺的调剂方式。幽默的谈话方式能够让人更加愉快。尤其是在双方发生争执的时候，如果每个人都坚持自己的意见，毫不妥协的话，不但会让大家不欢而散，很可能还会因此伤害了双方的感情。假如这时候你懂得利用幽默的语言，很可能就能够巧妙地化解这场危机，让争执双方会心地一笑。

当双方的谈话陷入了尴尬的境地，运用幽默的语言，采用一些诙谐的手法，就能够很巧妙地自我解脱，应对难关，最终征服别人。

有这样一个小故事。某大学的心理系有位男教师，吸烟多年，烟瘾特别大。有一次，他和他班上的学生打篮球，有一名男生从衣袋里掉出了一盒香烟。出于教师的本职工作，该心理教师将这名同学叫到了办公室，耐心地为他讲解吸烟的害处，想说服他戒烟。可是有意思的是这名老师说着话，烟瘾上来了，习惯性地掏出了一根烟，不由自主地吸了起来。那个同学简直不敢相信，最后开玩笑地说道：“老师，您现在可是劝我戒烟呢，怎么您自己也吸了起来？”

这名老师一愣，看看自己手里的香烟，感觉一阵尴尬，那名调皮的同学也觉得自己不应该说这句话。两个人一时间窘得不知道该说什么好，这时候老师哈哈一笑，说道：“我确实是深受其害啊，我老婆天天骂我是个老烟鬼，你们一定也不喜欢老烟鬼吧？”说完就掐掉了自己手中的烟，继续说道：“从今天起，我也不要做老烟鬼了，你回去跟同学们说，请大家监督我。而且我也不希望你们将来与老烟鬼交友，这可是我三十年来的经验啊。”这位同学一听，也笑了起来。

可见，幽默风趣的语言不仅能够让双方摆脱尴尬的困境，而且还是一种十分有效的教育手段。

的确，幽默就像是生活的调味品一样，如果你能够在说话的同时运用一些恰当的比喻或夸张、诙谐有趣的语言，那么很快就能使周围的环境气氛变得轻松而愉快。让你在笑声中获得更多的信赖和更好的人缘。

幽默的人往往也很聪明

幽默是一种智慧的表现。许多成功人士都用幽默展现他们独到的大智慧。幽默的人之所以能够妙语生花，不仅仅是因为才思敏捷，更因为他们的心中拥有着常人所不能及的智慧。

有一位漂亮而风流的女演员，大着胆子写信向英国的剧作家萧伯纳求婚，在信中，她表示自己不嫌萧伯纳年迈丑陋，还深情地写道："咱们的孩子如果像你一样具有智慧，像我这样漂亮，那该有多好！"

萧伯纳给她回了一封信，信中说："可是，假如我们生下来的孩子外貌像我这样丑陋，而头脑又像你这样愚蠢，那该有多糟糕啊！"

萧伯纳这位大师一语中的。他在极为简单的语言中融入了幽默、深邃的哲理，可以说是幽默的最高境界。幽默最高超的地方就是在说话中将人的智慧和语言技巧巧妙地结合起来，从而揭示出事物的深刻含义，含不尽之意于言外，使人在大笑中评判是非，领悟哲理，并且能够增长智慧。

德国著名的画家阿道夫·门采尔有许多仰慕者。一位年轻的画家慕名而来，他向门采尔诉苦说：“我真是不明白，为什么我画一幅画只用一会儿的工夫，可是卖出去却要整整一年的时间。”

“请你倒过来试试吧，亲爱的。”门采尔很认真地说，“要是你花一年的工夫去画它，那么只用一天，就准能卖掉它。”

门采尔并不是在开玩笑，而是用幽默话语，告诉对方最朴实的道理：付出和得到是成正比例的，你付出的少，得到的收获便有限；若你肯花费时间和精力，付出了很多，那么你一定会有不能预知的获得。

在生活中，谁都不喜欢公式化的交谈方式，那种作报告式的谈话很难持续很久，因为太枯燥无味，人们大多都喜欢跟那些谈吐幽默、机智风趣的人交谈，这种交谈也是自己的一种提升，你的思维会因为幽默而被调动起来，你的口才也会因为幽默而有所锻炼、提高。所以，一次富含智慧的幽默的谈话，无疑会让人受益匪浅。

乐观者的印章

成功的人大多比较乐观。他们能够获得工作上的成就和事业上的成功固然需要很多条件，幽默有助于改善与他人的关系，促使成功，这是一个不争的事实。

美国福特汽车公司曾经一度陷入了低谷。当时，年轻有为的总裁亨利，通过一系列的变革和创新，使每月亏损900万美元的福特汽车公司成功扭转了不利的局面。有人针对他在改革过程中也做过一些错误的决定而问他："如果让你从头做起的话，你会避免那些错误吗？"亨利爽朗地答道："我依然会犯错。人们常常都是在错误和失败中逐渐学到成功的，如果要我从头再来的话，我想我只能犯一些不同的错误。"

亨利幽默地道出了他之所以能够获得事业成功、力挽狂澜的一个重要原因。幽默，让他能用乐观的心态，去面对最不利的事情，闯过大风大雨。

现代生活中，因为面对巨大的压力，每个人的生活都如同一根紧绷的弦。而幽默，则能帮助我们解除工作中的紧张状态，乐观的人甚至用幽默来解决生活中的难题。

一家规模较大的化工厂建在了一座大城市的市郊地区。因为这家工厂主要是生产一种化学产品，会排出大量的烟和灰尘，使附近的几家企业都深受烟雾和灰尘之苦。一次，化工厂正在加班生产的时候，隔壁一家工厂的厂长和化工厂的厂长不期而遇，他便半开玩笑地说出了心中积累已久的不满："你们生产这么忙，应该想个好办法处理掉这些烟和灰尘吧。"化工厂的厂长很认真地回答说："我们打算将烟筒加高，我还准备找包装厂定制一个特大的塑料袋，租直升机把袋子罩在烟囱上。"他的一些话立刻化解了对方的不快，两人都哈哈大笑起来，紧张的心情便渐渐地舒展开了。

人生不如意事十有八九，我们难免会有痛苦和烦恼。如果想不开，钻进了死胡同，就会痛上加痛。

有一个人得了盲肠炎。医生为他开刀，割去了盲肠。患者痊愈后，仍然会感觉小腹时时作痛，一检查，原来是粗心的医生把手术剪刀留在他的肚子里面了，于是重新开刀，把剪刀取了出来。事后，病人仍然感觉腹中气胀，不舒服，再去检查，原来是医生又将纱布遗忘在他的腹中了，遂又开刀。于是，这个病人对医生说："大夫，不如你在我的肚子上装个拉链吧，这样更方便一些！"

诚然，这只是个笑话。但是，乐观的人懂得如何将痛苦变成幽默，用幽默作为自己的印章。微笑是一个人的名片，而幽默则为别人带去了欢乐，不仅给人留下了深刻的印象，更为自己人际关系的圆融创造了良好的润滑剂。

变身为幽默者的十大技巧

想成为幽默的人其实并不难，有几个技巧可以供我们学习参考：

1. 大词小用法

“大词小用”常能出其不意，因为这种方法将一些语义范围较大、程度更深的词语来表达某些细小的、次要的事情，词本来和所述事物的内涵之间相差甚远，放到一块却能引出令人发笑的幽默来。

2. 嬉笑怒骂法

嬉笑怒骂是一种比较戏谑的幽默，表面上看似是攻击，实际上却没有攻击力。开的玩笑适度，并且机智，富含哲理，可以拉近同谈话者的距离。

3. 歪曲解释法

歪曲、荒诞的解释也可以成为幽默。歪理也能成为笑话。这种幽默法就是用轻松而带有调侃性质的态度，对问题做出随意的解释，把本来两个并没有关联的东西放在一起，塑造出一种不和谐、不合情理、出人意料的效果，在这种因果关系的错位和情感与逻辑的矛盾之中，产生幽默的技巧。

4. 借语作桥法

“借语作桥”是指在交谈中，从对方的话语中紧紧抓住一个对自己观点有利的词语，以此为桥，用它变成打击对方的关键词。作为过渡桥梁的话语要有一个特点，那就是两头既要相通，又契合得自然，一头接本来的话头，另一头要与引出的意思相通。想要掌握“借语作桥”的技巧，可以在接过话头以后，展开丰富的联想，天马行空，脱离现实，甚至是胡说八道都可以。

5. 推理幽默法

这种方法是借用片面的、偶然的因素，构成歪曲的推理。它主要是利用对方不成熟的前提或自己假定的前提，推理引申出某种似是而非的结论和判断。它不按常理出牌，会出现偶然的、意外的结果。

6. 反语幽默法

反语幽默就是用相反的词语来表达本意，故意说反语，或正话反说，或反话正说，能够形成含蓄和耐人寻味的幽默意境。

7. 指鹿为马法

“指鹿为马”是指在幽默中，将双方已经心知肚明的问题，说成相反的结果，从而产生反差，表示另外一层真正的意思，达到幽默交流的目的。

秦始皇死后，赵高独揽大权。为了验证群臣是否会听令于自己，赵高想出了一个计谋，他献给二世一头鹿，并说：“这是一匹马。”二世笑着说：“丞相，这明明是鹿。你怎么把鹿当作马呢？”赵高说：“不信，您可以问问大臣们。”有的大臣为了讨好赵高，也说是马；有的大臣刚正不阿，直言是鹿。赵高就把说是鹿的大臣都暗暗记了下来，找个机会将他们治罪。从此，大臣们都畏惧赵高。

赵高的“指鹿为马”，是一种卑劣的手段，但若从交际的角度来说，“指鹿为马”能把白的说成黑的，颠三倒四，是一种高明的幽默艺术。

8. 位移真义法

正所谓“醉翁之意不在酒”，有时候，人们说的话，字面是一个意义，而心里真正想的也许还有别的意思，我们暂且称它们为表义和真义。位移真义是指抛却说话人语言的真义，只取其表义，是一种巧妙的钻空子的幽默技巧。人们总希望自己能言善辩，能够妙语连珠、幽默诙谐地和周围的同事、朋友们交谈，却又不知如何开口，不妨利用这种方法，用对方的话来为自己所用。

9. 望文生义法

“望文生义”法的运用十分巧妙。运用它，一是“望文”，单从字面意思来解释；二是“生义”，这个“义”虽从“望文”而来，但与“文”通常的意义已经大相径庭，造成一种强烈的不协调，从而形成幽默感。

10. 灵活套用法

灵活套用是指熟练运用工作和生活中的幽默范例，将它们灵活套用，根据自己所处的环境特点即兴加以发挥的幽默技巧。

在得到一些幽默的语言、轶事、故事之后，要将它们作为素材，灵活自由地套用它来说明自己的观点，解决自己面临的困境。这时，不妨大加发挥，切忌拘谨。发挥时可以不再是套用，而是创造幽默了。

幽默其实并不难，下点功夫，用心积累，生活当中便可以处处幽默。十分幽默的你，也会慢慢发现领导、家人、师长等，变得和以前不一样了，相处和顺活络，幽默有着惠己悦人的神奇功效。

第六章

酒席宴会，话要说得到位

比起在严肃的会议室里进行紧张激烈的交涉，在餐桌上交流更胜一筹。在比较放松的环境下，让口腹都得到满足，防备之心大大减少，同样是谈生意，两种场合交流产生的效果会有很大的不同。

让你的话题成为主角

在饭局上，总有一些这样的人，他们总是把自己想说的意思一遍又一遍地强调，详尽得让人厌烦。当出现这种情况的时候，你是任由对方继续无休无止地说呢，还是立刻打断他的话?显然这两种方式都不太合适，而是应当诱导他进入你的话题。

我们来看一下下面的事例。

业务员："请问你需要的卡车大概是多大吨位的？"

顾客："这个不好说，大概两吨吧！"

业务员："依据情况来的，对吗？"

顾客："嗯，对，是这样。"

业务员："究竟要买哪种型号的卡车，一方面要看你运货量的多少，一方面要看行驶的路况怎么样，你说对吗？"

顾客："是的，不过……"

业务员："如果你是在丘陵地区行驶，而且那里冬季比较长，这时候汽车所承受压力肯定比正常情况下要大些，是吧？"

顾客："没错。"

业务员：“你们冬天出车比夏天多？”

顾客：“那可多多了，夏天生意是淡季。”

业务员：“有时候货装得太多，又是冬天，又是丘陵地区，汽车是不是经常超负荷呢？”

顾客：“对的。”

业务员：“从长远的眼光看，买什么样的车型是取决于什么原因呢？”

顾客：“你的意思是什么……”

业务员：“买一辆车值不值得是取决于什么呢？”

顾客：“当然得看车的使用寿命了。”

业务员：“一辆车总是超负荷，另一辆车从来不超载，你觉得寿命更长的是哪辆啊？”

顾客：“肯定是马力大，装货较多的啊。”

业务员:“所以,我认为你买一辆吨位为4吨的卡车可能更好。”

顾客表示同意。

这位业务员就是在很平淡的语言中，想尽办法来诱导顾客的思维跟着他的思维走，从而成功推销出自己的产品。

可以说，诱导是一种意识层面的交谈，如果会话双方意见背离，肯定没有办法达到心意的相互交流。所以，当其他的说话者过于啰唆的时候，你就要积极地参与交谈，诱导说话者的思维进入自己的思维，从而主导谈话的过程。

激将法帮你成事

激将法是用语言来刺激对方，激起对方按照自己的意向来说话做事。“请将不如激将。”在饭局上，与对方交谈的时候，可适当运用这种方法来刺激对方，从而让对方做出有利于自己的反应。

激将法主要有反语式激将、及彼式激将、贬低式激将三种方法。

1. 反语式激将

它主要是运用正话反讲，故意扭曲词意来阐述自己的观点，以激发对方发言表态，达到自己预想的效果。

一家中外合资企业的总裁与某乡镇企业厂长在饭局上进行谈判。

厂长：“总裁先生的魄力，和我们这些乡下佬相比，简直是一个正在天上，一个在地上啊，这么大的魄力，尽管我们都很敬佩，但我们却并不敢沾这个光啊，只能收回我们的土地，并停止合作。”

总裁：“既然这样，我再让利一成。”

厂长：“不行，按照投资的比例，应当是两成。”

总裁：“好吧，原则上可以……”

上面的例子中，厂长不说对方“贪图利益”，而说反语“魄力大”，又以“不敢沾光”的“哀兵”战术以退为进，激发对方并达到自己的目的。

2. 及彼式激将

及彼式激将法是以一种将心比心的手法，激发对方做换位思考，并且设身处地为自己着想。

一位总裁想要摆宴设席来款待合作公司的部门女经理。在会议结束之后，总裁就开始询问那位女经理：“小张经理，您饿吗？”

女经理很客气地摇摇头。总裁知道对方是出于不好意思，于是他就换一种方式：

“小张经理，早上出门没来得及吃早餐，就急急忙忙赶来见您了。现在我饿急了，不知您是否能赏脸和我一起吃个饭，一个人吃饭太无聊了啊。”

女经理听了，满意地点了点头……

3. 贬低式激将

这是贬低别人从而达到对方发话的目的的方法。

联谊舞会上，一位女嘉宾邀请一中年男经理来与她跳舞，对方用“我不会跳”或“跳不好”来婉拒。于是女嘉宾就说：“哪里是不会跳，您肯定是‘妻管严’吧？怕被太太知道后要您跪搓衣板吧？”对方受到激将，于是仰头大笑，最后迈出舞步。

总之，在宴会中，适当的激将，能让对方进入到自己的思维导向，从而顺利地达到预期的目的。

话得绕三圈

在饭局上，很多人都有个不好的习惯，就是爱说别人的是非。我们每个人都应该了解的是，不能议论关于公司领导和公司的坏话，因为很有可能最后会传到领导的耳中。

其实，在职场上，我们每个人想问题和做事的风格都会有所不同，有时，我们也难免会对领导的某些事不满，满腹牢骚，但是，千万不要对别人宣泄你的不满。

同时，一旦涉及公司商业秘密，更不能对别人说。万一被别人传出去，同样会给自己带来很多麻烦。所以，我们就要管好我们自己的嘴巴。

小尹和小高一同进了一家公司，在工作上业绩不相上下。后来，公司因经济危机就决定裁掉一些员工，为此，公司上下人心惶惶。

小尹和小高感情要好，在一次吃饭中，小尹对小高说："唉，我现在没有工作的积极性了，因此，我只好靠打游戏来打发工作时间。”

后来，出人意料的是，小高为了保住自己的工作，向领导告发了小尹，一天，小尹正在边工作边玩游戏，被领导抓了个正着。最后小尹不久就被开除了。

而小林在一家外资企业上班，领导很信任他，总是将一些难度较大的事交于他。对此小林感到骄傲和欣慰，同时同事们也喜欢向他问这问那。

后来，小林慢慢发现，同事们都只是想知道关于公司的秘密。为了能与同事们很好地相处，小林就把公司的事告诉了他们一些。然而，小林这样的“牺牲”并没有得到他想要的结果。

一次，小林竟然听到同事在议论自己：“哼，一个连领导都背叛的人，以后我们谁还敢接近他呢！”小林听了以后，欲哭无泪。

更糟糕的是，竟然有人将小林外传秘密的事告诉了领导。领导知道后十分生气，立即开除了小林。

因此，真是“祸从口出”。在职场中，一定得学会管好自己的嘴，不向别人说不该说的话。

从诸多实例中，我们都能从中有所领悟，尤其是在饭局上，对于那些已经到了嘴边的话，一定得让它再绕上“三圈”，不然一旦说错了话，就可能会导致不好的结果。

出口成“脏”，让你遭殃

不管是在生活中还是在工作中，人们会受到社会中的一些不良影响，“出口成脏”，例如，会经常性地说一些脏话和粗话。或许，有很多人会说：“我一般不说粗话，但是碰上要好的朋友就会说，都是朋友嘛，不会在意这些的。”但是，真的是这样吗？

方岩从美国留学回来了，所以就想和以前的老同学聚聚。

方岩请客吃饭那天，突然下起了雨，这时，一男一女进了饭店，男的就开始说：“方岩这小子真是的，居然选了个大雨天聚会，让我们跑这么远，他傻吧？”他旁边的那位女同学就说：“好了，不要说了吧。他请我们吃饭也是一番美意啊！”但是对方还是骂骂咧咧不断。

不久，方岩也到了这家饭店，但是那位说脏话的男同学还是闭不上自己的嘴，看到方岩也没有一句客套话，直接责怪道：“方岩，你这臭小子，去外面混得蛮好啦，你……”总之，这个人就一直脏话不断，这让方岩感到很不舒服。

但是，方岩因为礼貌，还是不停地道歉："真的很对不起啊，我也不知道会下雨，让大家麻烦了。"那些老同学们一个个都说没事，而那位男同学又开始脏话不断了："方岩，你这样说话就太见外了吧！我呢，就是这么个粗人，你千万别往心里去啊，我没有别的不好的意思。"方岩忙说："没事的。"

但是一直到最后那位男同学还是脏话不离口，所以餐桌上大家都很尴尬，因此也不是特别的愉快。

也许，会有人觉得，朋友之间关系都很铁，说话就可以随随便便，就算是说了脏话、粗话也没有关系，但是，朋友之间也要互相尊重！如果像上面案例中的那位男同学一样，总是脏话不断，那么总有一天，你会发现你的朋友寥寥无几。

和其他的社交宴会比起来，朋友聚会更加轻松愉快，但是，并不是气氛轻松你就可以脏话连篇了，如果这样，会让朋友们感到很尴尬。

所以说，我们在日常生活中就要让自己养成比较好的语言习惯，不说脏话，注意礼貌用语。特别是在参加宴会的时候，更要注意这一点，不能给别人留下出口成脏的坏印象，否则，可能就会导致社交失败，甚至让你做的生意化为乌有。

成为饭局上的开心果

不知道你会不会想起在餐桌上的那些趣事，它们给我们带来快乐，同时也为餐桌饭局添了趣味。毕竟幽默是沟通的一大法宝。

一位绅士在餐馆吃饭，却看到菜汤里有苍蝇。他喊来侍者，讥讽道："请问，它要在我的汤里干吗？"侍者看了半天，答道："先生，它在游泳！"绅士被逗得哈哈大笑。出现这种情况不管侍者怎样解释，都要受到批评，甚至会使顾客很生气。但是，幽默帮了他，让他脱离困境，缓和了气氛。

一次，一个顾客走进一家远近闻名的餐厅，点了一只油氽龙虾。他注意到龙虾一只虾螯没有了。他便叫来侍者，侍者叫来老板。老板说："不好意思，龙虾是残忍的动物。你的龙虾有可能是在打架的时候打输了，那个螯被打掉了。"顾客也巧妙地说："那请换一下，将那只打赢的给我。"老板遂答应给顾客再赠送一只龙虾。

餐厅老板用轻松的话语，维护了餐馆的名誉，同时也保障了顾客的利益。

酒桌上的仪态可以充分地显示出交际风度，诙谐的语言，会让人对你顿生好感。

韩露有一次参加公司的招待工作，一进餐厅，发现餐桌旁的大家都是初次见面，表现得有些拘谨。这时一位工程师开始说起自己刚参加工作时的趣事。那时他被分配到坑口生产班当班长，做井下作业，上来时往往就全身湿透了，换套工作服就吃保健餐。工友们很有礼貌，见面都会打招呼“辛苦了！”一天，休息室门口不知被谁挂了个鸟笼，里面是只鹦鹉，他刚好下井上到地面，听见的声音就是：“辛苦了！保健餐已打好，吃吧！”他也没注意是谁，就应了一声：“好，我就去！”话还没说完，他发现工友们都捂着嘴咯咯地笑。事后，他才知道，其实那句话是鹦鹉发出来的。这事经常让工友们当作茶前饭后的笑话，并且在生产一线养只鸟是不合法的，所以那鹦鹉后来就不知被谁领回去了。

工程师讲得高兴，大家听得开心，于是饭局气氛也变得融洽起来了。

第七章

面试不难，要说到考官心坎儿里

面试这一关，大多数人迟早都要面对。要想在面试当中脱颖而出，你可以依靠很多办法，而最能打动面试官的，就是你的口才、你的表现。想打一场漂亮的胜仗，就不能不做准备。多花些心思，多想些应对方法，你会发现，想征服面试官并不是难事。

自我介绍至关重要

几乎所有的求职者走进职场之前都必须经历一个重要环节，那就是面试。面试的开始，基本上都是开场白，这决定了主考人对你的初步印象。面试的基调就取决于开场白说得好不好。

首先，进门应该面带微笑，不需要噼里啪啦讲一堆话，但是一定要有礼貌地打招呼，问候一声“您好”就足够了，要有底气，声音洪亮，不需要察言观色，见风使舵，但是要尽可能显得笃定从容，落落大方，不要过分随意，侃侃而谈，也不要有紧张情绪，拘谨不自然。

接下来就是自我介绍的时间了，千万不要小瞧个人的自我介绍，这是面试中很关键的一步，它将在很大程度上影响你在各位考官心里的印象。一次得体的自我介绍，将使你在接下来的面试中如顺水推舟般无往不利，从而赢得工作机会。

例如，在一次激烈的求职竞争中，李芳以一段精彩的自我介绍为开场白，最终赢得职位。当面试官“请介绍一下你自己！”

刚说出口，李芳便娓娓道来：

“尊敬的各位考官，你们好，很荣幸能够通过选拔参加贵公司的面试。我叫李芳，今年24岁。于2017年6月毕业于××大学。

本着对写作的爱好和梦想的驱动，我深深地被这座充满了文化气息的城市所吸引，正巧看到了贵公司正在招聘记者，便满怀希望地投递了简历，希望可以得到这份梦寐以求的工作。

“我自幼爱好文学，文笔也相当不错。自中学开始，就曾经在一些期刊上发表了一些散文。大学时，出版了第一本长篇小说，并且得到了读者们的认可。今天，我带来了部分作品，各位领导可以直观地了解我的写作能力。

“在经验方面，我和竞争对手们比，可能不占优势，但是我相信，当一个人能够将自己的职业当成一种爱好时，才能够全力以赴满怀激情地努力工作。而我正是怀着这样的希望来应聘贵公司的记者职位的。假如我有幸和大家成为同事，我将更加努力地提高自己的水平，决不辜负领导的信任。”

结果，李芳顺理成章地成了该公司的员工。

由于之前彼此之间并不熟悉，求职者是第一次与面试官见面，因此，自我介绍便成了最好的表现自己和展示才能的机会。

勇敢把话说出口

在卡耐基的成人演讲训练班里，经调查发现80%~90%的学员在上课之初会对上台感到恐惧。许多职业演讲者承认，他们从来没有完全消除登台的紧张情绪，害怕的心理会从演讲开始发言之前一直持续着。

谁能想到，古今中外有许多政治家和演说家，都曾有过怯场的经历。就拿英国首相丘吉尔来说，他就曾在演讲台上紧张不已，甚至连一句话都说不出来，直到被台下的人轰下去。但是他并没有因为这次不愉快的经历就变得消沉，而是勇敢地面对现实，力求克服恐惧心理，他勤学多练，每一次讲话机会都不放过，演讲的水平日益提高。后来，他的就职演讲被誉为最精彩的英国首相就职演讲之一。

生活中，每个人都会误认为说话怯场只有在自己身上才有可能发生，他们会想，如果我能像别人一样口若悬河该多好。

其实，怯场是一件很普遍的事，任何人都有可能发生。我们需要做的只是清醒一下自己的头脑，使自己镇定下来，正确看待自己胆怯的心理。

当我们怯场的时候，不妨仔细想想，自己的语言是真的值得被人取笑，还是因为自己缺乏自信呢？你甚至可以想，当你的一句话被一个人取笑时，并不代表你的所有话被所有人取笑，即使是被人取笑了，那也只是一件小事，任何人身上都有可能发生，纵观古今中外，多少政治家、演说家讲话时都有过紧张的情况，何况是自己呢？

如果你真正地把这些问题梳理清楚了，那么你就不会为担心丢脸而怯场。

敏感问题中隐藏着大智慧

企业在招聘时，为了找到更适合招聘职位的人，有时会提出一些敏感刁钻的问题，以考验面试者如何处理突发问题。遇到这样的情况，面试者多少会感到紧张或担忧，其实大可不必如此，只要你学会了回答这些问题的方法，那么这些问题就会不攻而破了。

很多用人单位在招聘时都希望录用有经验的人才，这非常不利于打算转行或者刚刚走出校门的人。如何解决没有工作经验的问题，就成了最常见的“敏感问题”。

小蔡大学学的专业是计算机，然而，活泼开朗的小蔡，一想到以后一直要和计算机打交道，就觉得很无聊。比起计算机，她更喜欢跟人打交道，大学时就是班里各种文体活动的积极分子。于是，毕业后，她决心要找一份其他行业的工作。

在一次招聘会上，小蔡看到有家公司在招市场部人员，主要负责公关事务，虽然招聘启事上写明要“至少一年以上的相关经验”，但她还是决定去试试。

招聘人员看过小蔡的简历后觉得奇怪，直接回绝她说：“不好意思，蔡小姐，你的专业与我们招聘的岗位不是很相符，而且你一点经验都没有，并不符合我们招聘的要求。”

“虽然我没有工作经验，但是，我相信自己在这个职位上有独特的优势。”小蔡急忙替自己争取机会。

“那你说说自己的优势在哪里吧？也许我们可以考虑考虑。”招聘人员好奇地问道。

小蔡想了一下回答说：“老实说，我之前对这个职业并没有深入的了解。但是我对这个工作很有兴趣，我认为自己的个性也很适合，并且很喜欢唱歌、跳舞以及与人打交道。还有，最重要的是我愿意学习，有愿意踏实地从头学起的心态。我觉得这一点对于干好一份工作来讲很重要，只要给我机会，我相信自己会做好。”

最后，招聘人员留下了她的简历，并让她进入了为期三个月的试用期。在试用期期间，小蔡把全部心思都用在提升业务技能上，向同事请教，利用休息时间看有关工作的书籍，抓紧时间充电。三个月后，她成了公司的正式员工。

和大多数应届毕业生一样，小蔡也没有工作经验，但她却最终说服招聘者，成功赢得职位。可以说，正是应聘时的坦诚、勇气以及适当的自我评价帮了她的忙。

巧妙应对面试官的迷惑性问题

当你在面试时，面试官常会向你提出很多模棱两可的问题，往往让人不知道该如何作答。事实上，很多时候面试官提出的问题并非出自他们的本意，只是想试探你在面对突发情况时会做出什么样的反应，所以假如你遇到了这样的问题，一定不要掉以轻心。

张雷到一家很不错的公司面试，他凭借着自己的实力通过了笔试和第一次面试，今天是最后一次面试。

他与面试官礼貌地打了招呼，坐在了面试官的对面，等待着面试官的提问。没想到面试官突然问道："经过了这两次的面试，我们认为你并不适合在我们单位工作，所以决定不录用你。你认为自己的哪些不足让你失去了这个工作机会呢？"

张雷听完了虽然也有点吃惊，但表现得很镇定，他回答道："我认为面试向来都是五分靠实力，五分靠运气。我们不能仅仅凭借一次或者两次的会面和谈话就对一个人的才能、品格做到充分了解和认识。所以失去了这次的工作机会我并不会悲伤或者难过，因为我通过这次的面试，学到了很多东西，同时还让我发现了自己更多的不足之处，比如临场经验的不足，当然知识储备也有欠缺。希望以后我还能有机会向各位面试官讨教。我一定好好地总结经验和教训，加强学习，弥补自身的不足，避免在今后的工作中出现类似的问题。另外，即便我失去了这次工作机会，也非常感谢各位考官对我的不足做出指正，让我能够有机会重新认识自己，我一定会更加努力，提升自己能力，让自己尽量适应岗位的要求。”

最终面试官对张雷的回答很满意，通过了张雷的工作申请。

其实，面试官在问这个问题的时候并不是真的对你不满意，而是想对你的应急反应能力做出考察。如果他们真的认为你不合适的话，早就通知你不用来了，根本不可能继续问你问题。因此，当你遇到这种情况的时候，一定不要惊慌，要沉着应付，不要中了对方的圈套而暴露自己的弱点。

回答面试官的问题时，我们要注意将重点放在弥补自己的弱点上，这样就会让对方感觉到你的积极进取。另外，如果你能够诚恳地向考官进行讨教，或许更能博得他们的好感。

让自己退出两难境地

面试官总会问出一些让你答是也不是，答不是也不是的问题，这就让你陷入了两难的境地。假如你只是强调一方面的话，很难保证自己能够顺利通过面试，这时如果你能想到一种折中的回答方式最好，在两者兼顾的基础上强调偏重的一方，这样就避免了自己的片面性。

在一次公司招聘面试中，一名面试官对面前的应聘者提出了一个奇怪的问题："请问，假如公司需要你做一些琐碎的工作，那你是喜欢还是讨厌呢？为什么会有这样的感觉呢？"这就是个两难的问题，假如你回答喜欢，面试官就会认为你虚假做作，因为每一个知识青年，都向往着有机会成就一番事业，不喜欢做这些琐碎的工作。所以你要是回答是的话，自然说出的就是假话。没有哪一个老板喜欢虚伪的人作为自己的员工，所以很显然，回答喜欢是一个不明智的选择。若说讨厌，似乎每份工作都有琐碎之处。因此，这就足以说明你缺乏耐心，一个没有耐心的人，怎么可能把工作做好呢。所以，讨厌更是一个禁忌答案。

面试者小梁也没有想到面试官会提出这种让人进退两难的问题，于是他在思考过后回答说：“绝大多数岗位的工作都有琐碎的地方，所以无论做什么工作，都要具备足够的耐心。假如我的工作中需要我去做一些琐碎的事情，那么我会认真、耐心、细致地把它做好。而且，我刚到一个新单位，对单位的情况还不十分了解，通过做这些琐碎的小事，可以尽快熟悉工作环境和工作流程，帮助我尽快进入角色。这样才能得到领导的信任，才有机会做大事啊。”

其实，面试者小梁的回答就很得体，他并没有正面回答是或者否，而是从大的方向综合考虑，既表现了自己耐心、细致的工作态度，又讲明了自己想要做大事的愿望，这样的员工有哪一个老板不喜欢呢。所以当我们面对这样的问题时，也要学会避实就虚的方法，从多角度分析回答。

不要随意谈论前老板

“你能简单说一下离开原单位的原因吗？”有过面试经历的人大多都遇到过这类问题，为什么这个问题频繁地在面试过程中被问及呢？因为面试官想通过你的回答从中获得更多有关你的信息。因此，求职者千万不要对这个看似简单的问题掉以轻心。像那些普遍性的原因，比如“大锅饭”阻碍了自身发展、上班路途太远或专业不对口等人们都能够表示理解的原因，可以如实道来。而当面试官问到你对原上司的看法，或者是否由于你与上司不合才导致你离开公司等问题时，你的回答一定要谨慎小心，否则，很可能会让你的面试陷入僵局。

那么，如何回答才不至于让自己陷入困境呢？假如面试官提出的这一问题确实是你离开原公司的原因，你应该如何作答呢？

其实，不管你离开公司的原因是否与自己的前任老板有关系，你都不能在面试官面前妄加评论。这是最基本的一点，要知道坐在你面前的这个人很可能会成为你的新一任老板，假如你在他的面前讲前任老板的坏话，他的心里自然就会形成抵触心理。因为他不确定你以后会不会在别人面前对他说三道四。而且一个人要想在社会中生存，就得学会与各色各样的人打交道，对你的上司过分挑剔只能说明你对工作缺乏适应性。

其实面试官心里都知道绝大部分人离职的原因都是讨厌原上司，他们很可能也因为这个原因换过好几份工作了。即便是这样，也没有多少雇主喜欢听这样的话。

刘婷是一位工作经验很丰富，工作能力也很强的女秘书。当她去一家新公司面试的时候，她的招聘经理问道："小姐，你人长得很漂亮，学历和办事能力都毋庸置疑，难道你原来的上司不喜欢你吗？"刘婷自然懂得面试者话中的意思，便微笑着回答："正是因为这个原因我才选择离开原来的公司。我宁愿老板事多累下人，也不希望他们'情多累美人'。我想换一个工作环境，作为您的助理，应该会省去许多不必要的累，让我全身心地投入到工作中。"

刘婷的回答很巧妙，她并没有直接说原来的老板多么不好，但一句"情多累美人"让很多人心生怜爱，不得不佩服这个小姑娘的智慧。

所以说当我们遇到这样的问题时，一定不要随意作答，更不能对你的前老板做过多的评论，言多必失，你最好找到一个巧妙的办法，能够让自己避开这个问题。

第八章

谈判中主动就是先机，快人一步胜券在握

在谈判中，想不落入被动挨打的局面，就要取得先机，争取主动权。俗话说："先下手为强，后下手遭殃。"如果你能先开口，狠狠咬住对方的弱点，那对方很快就会被你制服，再多的反抗也是无谓的。只要你掌握了先机，快人一步抢得话语权，还怕对方不肯乖乖就范吗？

退的目的就是进

生活中，我们难以避免地会因为一些小事而与别人闹得意见不合，在这种时候，在好胜心的驱使下，我们往往会头脑发热，不顾一切地想要对方与自己达成一致。

相传，清朝宰相张英老家的邻居在盖房子时，占了张英家三尺地基。张家人当然不干，自家的老爷可是在京城里当大官的人，怎么能平白无故吃这个亏呢？便马上修书一封到京城，请求宰相张英来主持公道。张英看完书信后，只回了一封诗：千里家书只为墙，让他三尺又何妨；万里长城今犹在，不见当年秦始皇。家人收到书信后，本来还想去找邻居算账，结果全都羞愧不已，他们按照张英的意思，主动退让了三尺，邻居见张英家人都有这样宽广的胸怀，也退让了三尺。此事不仅有了圆满结局，也被传为佳话。

张英早已经作古，但是他的做法，真可谓是一箭双雕，彰显了自己能够容人的大度，又使自己因此而得名。如果他非要计较个高低，和邻居一较高下，恐怕也不会有这样的佳话了。

喜欢在口舌上争上风者，多数是以自我为中心的人。在人际交往中，自我为中心的人最大的特点是：我是太阳，世间万物都要以我为焦点。这类人典型表现为：我的意志高于一切，别人都要听从于我。他们总是自以为是，自高自大，为所欲为，对别人却不管不顾，强人所难，忽视了他人的内心感受。

而聪明的人不会和别人硬碰硬，不玩无益的争辩游戏，而是善于用理智的说服代替。假如在任何场合中，都只感觉到自己的存在，忽略别人，或者对别人根本就视而不见，那就不可能与他人建立一种良好的社会关系。

不争，是一种处世哲学。要学会发表别人无从驳斥的见解。在闲谈中，难免会有人问你："你如何看待？"每个人都会各抒己见，没有必要非要讨论个脸红脖子粗。有时谁与你争辩，你就让他赢吧。特别是对于一些无关利益的小事，何必让自己为了口舌之利而得不偿失呢？对此，有三种回答适用于任何话题，而且不会引起异议："那完全要看情况而定。""不能一概而论。""在某些地方，情况会受环境因素影响。"

为了逞一时的口舌之快，说话不委婉，甚至出言相逼会带来很糟糕的后果。林语堂先生曾把中国人性格的最高境界归结为圆熟，换句话说，在社会中，圆熟的人往往才能活得如鱼得水、左右逢源。

拒绝不是简单的NO

生意进行到一定阶段时，往往需要谈判。这个阶段，可以说是一个谈判双方斗智斗勇的过程，这个过程充满了拒绝和让步。此时，一定要顾全大局，拒绝的话要说得巧妙，不然可能会使谈判陷入无法挽回的僵局。

高明的谈判者懂得审时度势，采用委婉的拒绝方法，给谈判双方都留有退路。

小苏被公司外派，同一家知名的大公司谈判合作的相关事宜。对方以小苏公司的产品知名度不够为由，而要求降低价格。小苏说："正如您说的，我们的品牌不是很知名，这是因为我们将大部分经费都用在产品的研发上，而不是打广告上。所以，我们能够生产出式样新颖时尚、优质的产品，面市以来产品一直销售得很好，有些地方还出现了脱销的现象，对于市场前景如此理想的产品，您还怕销售有问题吗？"

鉴于对方担心小苏公司产品的质量，小苏幽默地说："曾经有个笑话，讲的是为了保证美国军方所购买的降落伞不出现质量问题，降落伞厂家让生产者以身试伞，最终伞再也没有出现过质量问题。如果我们公司的产品质量不过硬，到头来损失得最严重的也必将是我们。”小苏用一个幽默的方式转移了对方的注意力，又表明了自己的诚意。

小苏所说的内容，表面上看都是围绕产品的质量，实际上却在暗示对方：“我们的产品是以质量取胜，不可能再降低价格了。”他这样一说，对方的谈判代表松了口，表示再考虑考虑。如果小苏坚决地回答对方说：“不行，我们绝对不可能降价。你们看着办。”估计对方肯定不会有任何表示。

在谈判中，对方提出无理的要求时，自身很难满足对方要求，可以说：“我们将尽快给你们答复。”“我们再考虑一下。”这样的语言极具灵活性，可使自己避免盲目做出反应而陷入被动局面，也给了对方一个心理的缓冲，让接下来的拒绝显得不那么突兀。

要明白，谈判的目的，是获得利益，拒绝只是一种手段，拒绝的语言千万不可太过生硬，以免陷入僵局。

有的放矢的谈判技巧

有的放矢是谈判语言中表达针对性原则的一种实际应用。但需要注意的是面对不同的谈判对象，谈判者要学会变通，灵活地运用这一谈判技巧，这样才不会给人纸上谈兵的感觉。要知道谈判语言的表达方法与技巧更需要我们在谈判实践中进一步去总结、思考、提高。

就像话剧《陈毅市长》中陈毅与原国民党的上海代理市长、化学家齐仰之的谈判片段一样。在剧中齐仰之因被国民党搞得心灰意冷，闭门谢客，同时还对外规定了“闲谈不得超过三分钟”的禁令。但我们都知道，齐仰之在化学方面颇有见解，是一个不可多得的人才，所以陈毅为了动员他参加新中国建设，亲自登门拜访，这就产生了他们谈判的片段。

陈毅说道：“齐仰之先生虽是海内外闻名的化学家，可是有一门化学，齐先生也许一窍不通！”这一句话就引起了齐仰之的兴趣，对于他来说，化学再熟悉不过，因此自己首先解除了“禁令”，要对陈毅所说的“化学”一探究竟。

当陈毅向他说明了共产党的“化学”之后，齐仰之则表现出了无所谓的态度。陈毅并没有灰心，而是以民族大义动之以情晓之以理，陈毅知道齐仰之先生的爱国热情绝不比任何一个人少，造成如今局面只不过是不满国民党的政策而已。于是陈毅紧接着便从社会的腐败谈起，引起齐仰之的共鸣，再向其介绍共产党是从民族的利益出发，要振兴中国的医药工业。而这一事业每一个中国人都有义务参加，齐仰之也不例外。这一点正好符合了齐仰之的爱国热情，自然就能在心理上引起共鸣，最终齐仰之同意了陈毅的请求。

这场谈判之所以能够取得成功，一是在于陈毅针对齐仰之的职业特点，以“化学”的话题作为突破口，让齐仰之首先自行取消“禁令”；二是陈毅针对齐仰之作为传统文人的身份和一生中一再碰壁的经历，在谈论的用词上小心谨慎。这种有的放矢的语言表达技巧，终于使原本拒不见客、心灰意冷的老化学家重新燃起已冷却多年的事业心，投身到新中国建设事业的行列中来。陈毅的“谈判目的”通过运用有的放矢的语言技巧，最终顺利实现。

找机会打破僵局

谈判中当谈判双方各执己见，互不让步的时候，有时会出现尴尬的僵局。谈判者代表着一个公司，一个组织，甚至是一个国家，这决定了他们为了所代表的利益坚决不能动摇自己的立场，否则如果经常变化立场，改变态度，往往会给另一方以软弱、没有实力的感觉。所以，谈判者即使需要让步，也要在不失面子的前提下。

甲乙两家公司就合作进行了谈判，可是因为产品的进货费用等问题而僵持不下，谈判一下子陷入了僵局。

双方代表都声称，对方的报价已经超过了自己的底线。谁都不肯让步，可是又都明白，机会难得，如果谈判决裂，自己根本没办法向上级交差。

在这种情况下，甲公司的业务代表余辉果断请示上级领导，允许给予对方一些适当的补偿作为让步，向对方提供信息或质量保障等服务。他在晚上用完晚餐后，拉着乙公司的代表来到了一家环境优雅而安静的咖啡厅里。听着舒缓的音乐，他对乙公司的代表说道：“兄弟，这几天咱们都弄得脸红脖子粗的，其实大家何必鱼死网破呢？我们的价位确实比同类的产品低很多，实在是不能再降了。不过我们可以将维修期延长半年，这样也是对产品质量的保障。你也再和你们老板谈谈吧。促成合作，对咱们都很有利。”对方说：“其实这样真挺折磨人的。谁不希望签个大单子。可是你们要是不松口，我真就交不了差。”余辉想了想说：“我们不是不能降价，换种材料我们就能把价格减低 20%，你问问你们头，这样的话他还敢不敢要？肯定没戏，出了事，谁能负责？”对方想了想，说；“好吧，我再请示一下。”

第二天，对方答应了余辉公司的报价。

如果谈判实在无法继续，不妨将正式谈判转换为非正式谈判，改变一下谈判的环境和气氛，如打打保龄球、打打高尔夫球，举行一下宴会、酒会，在这样的场合下再进行谈判，成功率也是很高的。

当双方在某一问题上僵持住时，可以将问题暂且放下，先解决其他容易谈成的问题。当一些方面得到解决后，双方在态度等方面得到了缓解，信心也有所增强，谈判也就变得简单多了。例如，双方在价格条款上僵持住了，可以把这个问题暂时放下，转而就双方易于沟通的其他问题交换意见。事情常常会这样，当另一些条款的谈判取得了进展以后，如对方在付款方式、技术等方面得到了优惠，再回到价格条款上来讨论时，双方已经从态度、方法上都发生了根本性的转变，谈判中商量的气氛也就浓厚起来，僵局自然化解。

第九章

交友语言要注意，让嘴有个把门的

俗话说：“人心隔肚皮。”无话不谈的朋友确实可以交。值得信任的人大有人在，但还是要有所保留。多说可能无益，甚至还有可能在别人那里落下话柄。你说得对，皆大欢喜，没有毛病；但若说错，伤了和气，得罪了人，还会失去人心。

做绿叶是力气活儿

苏格拉底曾经再三地告诫他的门徒：“你最应该知道的，就是你一无所知。”

出于好胜心，人人都希望自己优于别人。那么和朋友相处时，时常让朋友意识到他本人的优秀，这样既表达了自己的谦虚，又能发展良好的交际关系，两全其美的事情，何乐而不为呢？

法国哲学家罗西法古曾经说过：“如果你想多一个仇人，那么你就要表现得比你的朋友优越；如果你要得到一个朋友，就要让你的朋友表现得比你优越。”

为什么这句话会成为真理？因为当我们的朋友表现得更优越时，他们就会觉得自己是一个重要人物；反之，他们则会觉得自卑，甚至会产生羡慕或嫉妒的情绪。

亨利是伦敦市中区人事局里工作表现最好的员工，但是在过去的几个月中，他在同事中一个朋友都没有，是什么使这一切发生了变化呢？他后来找到了原因，这个答案就在他与拿破仑·希尔的谈话中，他说：“以前我曾经以我的工作为骄傲，每天的谈话中都在吹嘘着自己这方面那方面的成就，但是我的同事显然并不把这些当作骄傲，而且对此表现得很反感。我很希望和所有人都成为朋友，所以我开始少谈多听，认真地听他们讲述他们工作中的成就，这使我更加的兴奋。现在我们的聊天话题，大多数都是分享他们的欢乐，我的成就则变成了次要内容。”

没有人喜欢当绿叶，人人都想当红花，取得荣耀。可是，如果你太过耀眼，挡住了别人的光芒，就小心所有的绿叶都离开你，让你成为光杆司令。时时刻刻把“我”放在首位，这样的做法只会让人反感。

小红在单位里平时默默无闻，但是同事对她的印象都不错。平时谁要借办公用具，小红都会主动送上；谁要是发传真，但临时又有了别的事情，小红就主动帮忙；给老板擦擦桌子，刷刷杯子。这些举足轻重的小事儿，在小红眼里都变成了大事。她能急人之所需，她不是红花但胜似红花。因为在许多事上，她能保持中立，所以在公司也有不少知心朋友。

红花还需绿叶扶。因此，我们要习惯轻视自己的成就，始终保持谦虚，这样才会受到大家喜欢。要证明你比别人聪明，最好的办法就是告诉他，你其实比我优秀。十九世纪英国的政治家斐尔爵士也曾就这一方面进过一个道理："如果可能的话，要比别人聪明，却不要告诉人家你比他聪明。"

这种虚荣感存在于每一个人的心底，你的朋友自然不会例外。所以，无论和朋友谈论什么样的事情，都不要在你的言语中显示出优越感，否则就会伤害朋友或者得罪朋友。强者往往是温柔的，这种温柔大多时候都表现为与人谈话时的平等，也正是基于此才让强者显现地更加光辉，更加强大。才让你的朋友能够在你的身上感受到温暖和快乐，才能拉近你与朋友的距离。

做朋友说话要真诚

谚语说："真诚贵于珠宝，信实乃人民之珍。"说话真诚的人，更容易得到别人的信任，收获别人的真心，最终拥有纯真的友谊。

北宋著名词人晏殊就是一个说话真诚的人，这样的性格特点从小就已经养成。在他 14 岁的时候去参加殿试，宋真宗亲自为他出了一道题。晏殊恭敬地接过试题，看过之后不禁皱起了眉头，对宋真宗说道："皇上，这道题十天以前我就做过了，而且草稿还在我身上，皇上请看。"说完就拿出了自己的草稿。宋真宗接过来一看，果然是一样的题目，他不禁被晏殊的真诚打动，要知道一样的题目，做起来更是得心应手，但晏殊却毫不隐瞒，要求重新出题。宋真宗认为这样的人才能成为国家的人才，因为他拥有最可贵的品质，最终赐给他"同进士出身"。

从此之后，宋真宗对晏殊很是器重，甚至与他做了朋友，两个人经常在一起谈论时事政治，晏殊毫无保留地发表自己的看法和见解。有时候也会指出宋真宗的某些错误，但宋真宗几乎没有怪罪过晏殊，因为两个人都被对方的真诚打动，彼此之间更加信任。

由此可见，真诚对于朋友来说真的很重要。若不真诚相待，互相存在欺骗、愚弄，一定会让彼此的友谊蒙上杂质，最终很可能会破坏双方的感情。

乱开玩笑是社交大忌

幽默是灵感与智慧的表达，在人际交往过程中，有不容忽视的作用。幽默的话语，在各个场合中有不同的作用，如果开玩笑是对朋友，那么可以起到活跃气氛、增进友情的作用；如果是在职场上，可以加强人际关系；如果针对的是商业伙伴，那么就可以在笑声中争取客户，赢得利益……

但一定要注意，开玩笑虽然能拉近彼此距离，但是一定不能过头，要有度，否则反而会弄得局面尴尬，引起别人的反感，甚至会难以收场。

李丽是个活泼机灵的女孩，爱说爱笑，无论走到哪儿都是一片欢声笑语，所以同事们都很喜欢她，但也是因为爱开玩笑，她得罪了上司，导致一连几次，公司的升职名单都没有她。

事情要追溯到那天早晨，李丽带着一位重要客户来到老板办公室谈生意。结束时，客户看到老板刚劲有力的签名，赞不绝口道："您的这一手字可真气派！"李丽听了，快言快语道："那是一定的。我们老板请了专门的设计师设计，暗地里苦苦练了快一年了！况且平常他就是写自己的名字最多。”话刚一出，老板脸色顿时晴转多云了。

开玩笑可以使彼此之间感觉更亲近，加强人际交往，但是玩笑开得过分致使朋友反目的例子，也是比比皆是。所以，开玩笑必须掌握好分寸，如果玩笑开得过分，甚至带有人身攻击，就会极大地破坏人际关系。

人们都会对自己的弱点或缺陷、污点等十分在意，谁也不会微笑着任由你揭开自己的伤疤，任你随意取笑，这会严重地伤害对方。所以，不要因为一句小小的玩笑话而毁了两个人之间的友情，致使朋友反目，场面尴尬，那可真的是得不偿失了。

开玩笑时，出发点应纯属为了娱乐，千万不能刻意嘲笑、讥讽甚至贬低对方，更不能有指桑骂槐，借此提高自己的目的。

开玩笑还应因人、因时、因环境而异，分清对象和场合：对象不同，个人年龄、喜好、性格、对玩笑的接受程度也大不一样，同一个玩笑，不同的人可能会有不同的效果；场合不对，很可能会伤害对方，引起别人的反感。尤其是在严肃、安静的场合或者悲哀的气氛中，不能开玩笑。

没有幽默细胞的人和没有笑声的生活都是无味的。在交谈中，适度开个玩笑，可以发泄紧张的情绪，营造出一个轻松、欢快的氛围。但是，开玩笑一定要谨慎，掌握好尺度。

巧妙运用“如果我是你”

友情是世界上最纯真的感情，它虽没有亲情血浓于水的保证，但却往往比亲情还要让人感动。不过这份感动也是需要你用心去经营，否则就会出现裂痕。所以朋友之间也需要真诚相待，真正地关心。

与朋友相处，不要太过于自我，尽量站在朋友的角度去关心，尤其是在劝说朋友的时候，一定要注意说话的技巧，太直接的说话方式，即便是朋友也很难理解。

最为简单的方式就是一句“如果我是你”。你可不要小看这句话，它所发挥的效力却是不可限量的。尤其是在你与朋友聊天的过程中，如果无意中使用了一些不太得当的言辞，朋友已经有点情绪上的波动，有了生气的意思，不要惊慌，巧妙地运用这句“如果我是你”，就能很快弥补你言辞上的过失，平复朋友的心情。不仅如此，它还能让朋友及时地自我反省，感觉到你的话确实有道理，这时候他才会卸下心理的防备，听从你的劝告。

卡耐基曾经借用某家旅馆的大礼堂进行宣讲。有一天，他突然接到通知，这家礼堂的租金要提高三倍。卡耐基去与经理交涉，他没有直接进行质问，而是平静地说道："我接到通知时只是有点震惊而已，不过这不怪你。如果我是你的话应该也会这么做，因为作为经理，你的职责就是让旅馆尽可能赢利。"紧接着，卡耐基就给他出谋划策，告诉他该礼堂还能用于办舞会、晚会，这样你能收取更多的利润了。经理觉得有理，终于被说服，不再涨租金。

卡耐基的做法就是一个很好的说明，他跟经理虽不是朋友关系，但仅仅是一句简单的"如果我是你也会这么做"，就已经表明他的立场站在了经理的位置上，因此经理从心理上就将他当作了自己人。所以要想劝说自己的朋友，也要讲究说话的技巧，这样才能达到事半功倍的效果。

第十章

谈情说爱，会谈才有爱

恋爱要谈、要相处。没有沟通和交流，两个人的感情就会显得生硬艰涩。不管是疾风骤雨般的爱情，还是和风细雨般的爱情，都需要加一些如糖似蜜的情话。这样的恋爱才更有甜蜜的味道，令人回味无穷。

至关重要的第一次见面

人们相处的第一印象是至关重要的。别人对你的感觉和决定，要不要跟你交往，很多时候就在于初次见面的那一两秒钟的印象。男女初次约会时，第一印象就更要加倍重视。

首先，要注意自己的仪表。因为我们通常短时间对一个人产生好感是来自于他的外在美。

热爱美追求美是人类的天性。

年轻男女初次约会，双方都刻意装饰仪容。然而，许多人都不知道，就仪态美而言，男女是不一样的，装饰的重点也应各有不同。装饰得好，可以充分显示青春的魅力，否则就会给人以别别扭扭的印象。当你同你的异性朋友第一次约会的时候，对方的容貌、仪表、举止言谈、服饰打扮，在双方的心中都会留下深刻的印象。“这个人整洁清秀，举止大方”，你对他产生了好感；“这个人邋邋遢遢，蓬头垢面”，你对他印象不佳。也许你们彼此一言未发，可内心深处的好恶都在无声中和盘托出了。

据说有一位颇有才华的年轻作家与一位漂亮的姑娘初识，尽管作家的长相无可挑剔，但是，他不得体的着装、一头蓬乱不堪的头发以及不拘小节地跷二郎腿的“风度”，使他们的相会只持续了难堪的5分钟。姑娘对介绍人说：“看他那邋邋遢遢的样子，很难想象他会对生活有什么信心。所以，我对他也没有信心。”这话虽有点偏颇，但也不无道理。

有些女性尽管没有倾国倾城之姿色，也未必令人“一见钟情”，而她们的仪态美和人情味却能深深打动男子的心。女性在第一次约会时，仪态方面请注意以下各点：

（1）衣饰不宜过于豪华。男人虽然喜欢女人打扮得漂亮，但如果你打扮得像富翁的女儿，反而会把他们吓跑。他们会考虑能否负担得起衣饰如此讲究的妻子。

（2）不可多搽化妆品。唇膏的色泽要淡一些；不要打扮得过于妖艳；白天不宜浓妆，否则使人感到俗气。

（3）举止要端庄文雅。尤其在公共场所，不应有过于热情的举动。因为这不但显得你太随便、失去矜持，而且在别人看来也很不顺眼，觉得你不够庄重。

其次，要学会开口说话。

不少青年男女第一次约会时不知如何开口或说些什么话，

由于紧张、畏惧或别的原因，原本健谈、幽默和风趣的人也会变得木讷、寡言，甚至手足无措。

其实你大可不必那么紧张，也不要封闭住自己的感情和心灵，如果初次见面你觉得对方还不错，就大胆地向他表示自己的真心和热情，就算你有什么具体的实际要求，也不妨诚恳地说出来；而不要遮遮掩掩，想问不敢问、想说不敢说，把约会变成一个别扭、难堪的聚会，那样就没什么意思了。遇到称心如意的人，就拿出真心和勇气，放开胆子，大方地追求吧！

在任何场合，男性主动同女性打招呼、问好都是一种礼貌；在恋爱时，男性更要主动开口，并尽量展开话题，不要出现冷场。

张明经人介绍与李晴姑娘认识，他们在一个星光灿烂的夜晚会面。

张明首先开口说："你好！我已经等了你很长时间了，真怕你突然改变主意不来了，那我可就惨了。你觉得我怎么样？首先外观上你能通过吗？我这个人最大的缺点是不会收拾装扮自己，所以迫切想找个贤内助帮我料理收拾。如果能那样子的话，你一定会发现，一经打扮，我还挺不错的呢！不要笑，我这个人就好开玩笑，虽然工资不高，但生性乐观、爱好广泛，如听音乐、打篮球、游泳、看书等，又好动又好静，你呢？"

如此这般，张明很自然地展开话题，并诱发姑娘说话，从中探测她的志趣爱好，可谓一举两得。

大多数女孩子表达感情的方式比较含蓄，内心爱情如潮涌，表面上却很平静，看不出丝毫痕迹，甚至还略显冷漠地来掩饰自己的真情实感。她们在第一次会见自己喜欢的人时，往往不大愿意多说话，但又不能不说，所以言语较为谨慎，带点探询、含糊其词等特征，或假装天真、糊涂，让对方多说，以便观察、了解他的为人。

女孩子的爱一般表现在行动上，而在语言上不大能表现出来。所以恋爱时，还是以男孩子主动开口说话为主，如果你能掌握她的心理、爱好，有针对性地开口说话，那样效果更佳。

要明白，女孩子喜欢大胆、直率和真诚的男孩子，只要你把握住夸奖、赞美的原则，让她听了感觉愉快、甜蜜，你们就能继续交往下去。但切忌说肉麻、太露骨的话语，那样反而会把她吓跑。

用语言攻势哄到对方心软

要想邀请自己的心上人出去游玩，在很多男孩子看来，不是一件很容易的事，因为女孩碍于矜持和体面，很多时候会拒绝邀请。然而，你在此处止步不前了，自然也会无果而终。其实女孩都需要男孩子“哄”，只要你哄得恰到好处，问题也不是那么难。

多数时候，你最好单刀直入，不给她说“不”的机会。

当你要去邀请她时，不要用商量的口气问她“愿不愿意……”之类的话，而最好武断地说：“咱们一道去……”

虽然女人也有不愿意与你同行的时候，但是如果她想说“不”的话，则多少会给她造成心理负担，使她对你有一种歉疚感。

然而，你如果用“愿意不愿意……”这种问法，乍看起来好像非常“绅士”，但事实上却给了对方说“好”或“不”的两种机会。不用多说，责任上的分担都推给了对方，而女人又不习惯于承担任何责任，所以警戒心高的女人，为了不节外生枝，干脆就摇头对你说“不”了。

“愿意不愿意……”“要不要……”这种尊重的言辞被接受的可能性有时实在太小了，你可能也有过这种体验吧。

相反地，如果你用单刀直入的问法“咱们去……吧”，那就大不一样了。

这是一位小伙子煞费苦心地劝说女朋友答应他的邀约的对话：

“你今天真漂亮。晚上6点钟我们出去吃顿饭、聊聊天，好吗？”

“不行。”

“我们应该彼此多了解一点。就在6点钟好了，到时我来接你。”

“不行。”

“说不定我们可以遇到一个我们喜欢的人，或是一件有趣的事呢！就今晚6点钟吧？”

“不行。”

“6点钟见面以后，我们可以吃顿饭、看场电影，然后到咖啡厅去坐坐，我们会有一个非常美妙的夜晚的，还是去吧！”

“是吗？”

“我发觉我越来越喜欢你，今天晚上一定要见到你，就6点钟，我来接你。”

“那好吧，就6点钟见。”

这是一个聪明的男孩，他使出了浑身解数，终于让对方由说“不”到说“是”。他不断地给对方勾勒出一幅美好的预期的画面，最后女孩终于动心了。

还有一些男孩在邀请女孩的时候以情真意切为主打，让女孩感觉到温暖、真心，女孩被打动了。

两人的关系自然就近了。这是一封男孩写给他喜欢的女孩的邀请信，它包含着满怀的激情和热爱，执着与关怀：

在这之前我想先向你道谢，谢谢你借我一双手和我一起抗衡寂寞的冷，战胜寂寞，谢谢你为我剪短思念，照亮黑夜。

《哈利·波特》是一部很不错的电影，不是吗？主角们受到攻击时，我听见你细声低喊；舞会那一幕，我们都看得很入迷，我恨不得拉着你跳进去和他们一起共舞；主角与巨龙战斗那8分钟，你的呼吸被音乐操控了，我陪你一起紧张；年轻有为的角色死得如此可惜，你的叹息让我的心漏跳了一拍。

回程的时候，我的呼吸有点急促。能和你交谈的话题很少，因为我不健谈。我的CD播放了很多歌，张栋梁的、杜德伟的、李圣杰的、品冠的、光良的，你只哼过李圣杰的《痴心绝对》。

唔，我会记起来，痴心绝对。

我双手握着方向盘，我知道回家的方向，却不知道自己的方向。你总是让我迷惘。空调散出的低温空气是绷紧的气氛，笼罩着车子里的两个人。跟着你哼唱的旋律。我把车子停在原地，才发觉车子里缺少的气体是勇气。我说再见，因为我想再见。

我想向你道歉，原谅我的不健谈。我决定再邀你看一场电影以示歉意。放心，我会预先选好位子，不会像这次坐在F15和F16的位子，坐在这位子会令我们的脖子很酸，这家戏院的冷气也特别的冷。唔，好的，下次我会记得带外套。

再次向你道歉，原谅我不够细心，忘了带外套为你御寒，忘了预先选好位子，忘了买好可乐和爆米花给你享用，一切一切，我都感到深深的歉意。

别担心我，得不到你的原谅，我只是会魂不守舍，上课没心听课导致成绩下降、走路撞到柱子搞得头昏脑涨、忘记吃饭令我虽生犹死、睡不了觉引起情绪不稳定、驾车不专心撞出一场世界性的创举而已。基本上，死不了，所以你有权利不原谅我。但是，基于基本的礼貌，我觉得我还是得等你原谅，等你给我一个赎罪的机会。

这样诚挚的话语，恐怕对方是很难拒绝了。这个男孩无疑又多了一次让对方了解他的机会。

内敛是东方女性特有的魅力与气质，因此，在邀请她们出游的时候要拿出你的勇气，让她们看到你的决心与诚意。女孩子其实都是需要耐心哄的，也是很容易心软的。

有谈才有爱

之所以说“谈”恋爱，是因为谈谈才会有爱。所以，在恋爱过程中，要经常给“谈”提供机会，这就要靠约会来加强了解，增进感情，对于陌生男女来说约会更是加强思想交流的重要机会。但是，当你忐忑不安地邀请心仪已久的异性一起约会时，而对方却婉言拒绝了你，你的内心深处能否承受得了这种对满腔热血的打击呢？

但是，如果你有如下几个妙招，懂得以语言作为武器，就一定能为自己的爱情迎来春天。

一般说来，女孩若想拒绝男孩的邀约，一定会想出若干理由拒绝。若是碰到她们不感兴趣的或者自己都难以把握对方对自己的感情的男孩，搪塞的理由就会很大众化，比如说“我有事”或“我今天加班”。如果你就此相信了，或者退让了，那么遗憾地告诉你，你恐怕再也没有机会和她约会了。

王磊打电话邀请女友孙芳吃饭时说：“今天我想和你一起去

吃火锅，好不好？”但孙芳并不想去，随便找了个借口拒绝了：“真是很不巧，我们公司最近太忙了，连续好几天都要加班，要到很晚，可能不能和你一起吃饭了。”王磊并没有退缩，因为他知道，如果他放弃邀请，那么，孙芳一定会认为自己对她的感情不能持之以恒，而对他感到非常失望。对此，王磊说：“知道你很忙，但是还是要吃饭啊，你不知道这几天没见面我是多么的想你啊。不如一起吃饭陪陪我。吃完饭，我陪你一起加班，好吗？”孙芳听了，哪还好意思拒绝，嗔怪道：“讨厌，到时候工作做不完，让你好看。”虽是这样说，但是明显已经答应了。

当感情还没有发展到爱情的时候，想要成功约到对方可不是件简单的事。这就要求一定要有一个合情合理，又不能太过直白的理由，让她觉得和你约会是情理之中的事。所以，要充分发挥头脑中的小聪明，想一个别出心裁的好办法。

万事开头难，邀约虽然看起来不容易，但如果你是真心真意的邀约，对方的心中迟早会接纳你。

千万别“凶巴巴”对女人

爱情是甜蜜的，爱情之花需要用甜美的话语来滋润。男女双方开始恋爱时，双方在对方心中都转换成一个全新的角色，他们对对方的态度就会变得和以前不同，双方都把对方的赞美当作幸福的事。甜言蜜语能使爱情锦上添花。

小西和小东本来是一对人人羡慕的情侣，可谓是郎才女貌，天造地设的一对。可是，他们最后还是各奔东西了。大家都很纳闷：“小西一直是非小东不嫁的，为什么最后选择放手了呢？”

小西回想着往昔的一幕一幕，叹着气说：“小东很帅，对我也挺好。可是他脾气太暴躁了，平时对我说话总是凶巴巴的。我开始还能忍受，他的脾气却越来越糟。一有什么事，他就大声地训斥我‘我告诉你小西，你要是敢不听我的，就等着吧’，要不就说‘你怎么回事啊，跟你说的全都忘脑后勺了’。时间长了，我真的很害怕。我们吵架的次数越来越多。”

也许小东并不是一个坏男孩，可是他总是对女朋友发脾气，只会令女朋友疏远他。

凶巴巴的话语不如多去赞美对方，这样才能获得对方的好感。不论是两个人约会，还是在平时，只要细心留意，可以用来赞美的语言随处可见，例如：你今天穿的衣服，再适合不过了。

在约会时，要让对方感觉到你的尊重，多使用礼貌的语言和征询的语气，如：今天晚上我想和你一起吃晚饭，你有时间吗？

在称谓方面尽量用“你”和“我们”代替“我”，这样可以达到“两位一体”的效果，增进双方感情，用不了多久，便可做到珠联璧合了。

通常，谈恋爱的双方一般都有羞涩的心理，反映在具体情况中，就是情人之间要轻声细语，这样可以温柔地表达对对方的依恋等微妙的感情，使双方置身于温馨的环境中。

假想，如果男孩扯着嗓门对女友说：“你今天要和我一起去看电影。”对方一定会认为这个男孩是个粗鲁的疯子，那谁还会喜欢他呢？

恋爱是两个人拥有的神秘的世界，在这种环境中，柔声细语往往比大声说话表达的效果更为强烈，即使是产生了误会和不合，若轻轻地附在对方耳边，说上几句甜言蜜语，那么还有什么事是解不开的呢？

帮你和异性成功交谈

当你刚刚接触到一个异性，并对他产生了一定的喜欢的感觉的时候，最需解决的问题就是如何加深你们的感情，发展你们的关系，最终得到美满的爱情。很简单，你应该不断地接近他（她），表达自己的感情。这时，怎样和对方交流就显得非常重要。尤其是第一次约会，双方都容易拘谨，导致出现不知道该聊什么话题的尴尬局面。

小凯有个外号："女性杀手"。不管是豆蔻年华的少女，还是风韵犹存的中年大姐，甚至是满头华发的老奶奶，他都能把对方哄得开开心心。

也许有人觉得小凯这样比较轻浮。但是，看到小凯把未来的岳母逗得哈哈大笑，把未来的媳妇哄得开开心心，许多人都想拜小凯为师，向他学习。

小凯觉得自己能迅速讨得异性喜欢，主要有三点原因：一是他的心理素质好，其实就是脸皮够厚；二是说话要拣好听的、有意思的话说，夸一夸，丈母娘的脸上就乐开了花；三是一定要突出异性的优势。

他觉得这三条屡试不爽。不管是在熟悉的异性前，还是陌生的异性前，他都能找到话题。

很多人都喜欢在异性面前表现自己，尤其是在陌生而又非常出色的女人面前，在这时你一定要明白言多必失的道理，话说多了很容易暴露出你的弱点。也没有哪个女性会喜欢上一个整天板着臭脸，话多得说不完的男人。女人还是喜欢那种成熟、稳重、老实中略带一点威信的男人。

当然，也并不是说沉默是金就是真理，你要以简练的语言加上亲切的微笑来打动她，那时你的话在她心中就称得上是重于泰山了。

在各种交往中，女性往往最厌烦两种男人：一种是不爱说话，无论你和他说什么，他都表现得毫无兴趣，很不合群的人；另一种则是话多得说不完，不顾及别人的感受，一味表现自己的人。真正受女性欢迎的还是那种顺其自然的交往方式，既不会让女性感到尴尬，也不会令人感到反感。采用这种顺其自然的交往方式可以消除女性对你的戒心和防备，从而为你们以后的交往打下了坚实的基础。

此外，在社交场合中，还要掌握一定的火候，说话时不要故意用粗俗的语言，或是装作和别人很熟，尤其是男性，言语更要谨慎、谦逊；女性也不要经常故作文雅，但与异性朋友交流时，有点恭敬还是必要的。

如何说出“我爱你”

泰戈尔曾经说过：“在玫瑰花充裕的光阴里，爱情是酒；在花瓣凋谢的时候，爱情是饥饿时的粮食。人生不能没有爱情。”那么，当你爱上一个人的时候，应该如何对他/她说出“我爱你”呢？

著名作家老舍33岁了，饱经沧桑的他形成了一种内向含蓄的性格。一天，他童年的伙伴，语言学家罗常培邀他去吃饭。一个穿着中式短褂、黑色长裙，留着齐耳短发的姑娘同桌就餐。饭后，罗常培对老舍说：“我看你岁数越大脾气越怪，不成家，我们不跟你交朋友了。”“什么没有都行，就是不能没有朋友。没朋友我就活不了。”老舍急忙回答。罗常培笑了，答应为他介绍一位女朋友。第二次、第三次，老舍又被罗常培邀去吃饭，每次都会遇到那位姑娘。三顿饭吃过后，一封笔力遒劲的信送到了姑娘手中：“我们要想见面，不能靠着吃朋友，你有笔、我有笔，咱们互相来谈心吧！”这位有着独立自强精神的新女性，后来成了老舍的夫人。

新凤霞向吴祖光求爱，先是采取暗示，没有奏效，就直接表明了心迹。新中国成立后不久他们开始交往，感情日益深厚。新凤霞十分敬仰吴祖光的为人，希望能和他共同生活一辈子。有一次，他们在一起，新凤霞说："我演的《刘巧儿》这出戏，您看了吧？"吴祖光说："看过，真好。"新凤霞说："前门大街的买卖家，到处都在放巧儿唱的'因此我偷偷地就爱上了他……这一回我可要自己找婆家……'"但是吴祖光为人很单纯，一点儿也不懂她的意思，竟说："配合宣传婚姻法，这出戏最受欢迎。"新凤霞想：不能失掉这次谈话的机会，应当使他明白自己的意思。于是，鼓足勇气对吴祖光说："我想跟你……说句话……"吴祖光说："说吧！"新凤霞说："我想跟你结婚，你愿意不愿意？"吴祖光对此没有一点精神准备，他站了起来，停了一会儿说："我得考虑考虑。"这下子可伤了新凤霞的自尊心，她自言自语地说："我真没有想到，这像一盆冷水从心头上倒下来呀！"吴祖光说："我得对你一生负责呀！"后来，两人结为百年之好。

很多人求爱都采取投石问路探虚实的方式，因为每个人都害怕遭到拒绝。梁实秋求爱就是用了一个双关语对韩菁清进行了成功的试探。

梁实秋垂暮之年“梅开二度”，爱上了比他小几十岁的韩菁清。一天他们在台北梅园餐厅共餐。梁实秋点了“当归蒸鳗鱼”，韩小姐关切地说：“当归味苦啊！”梁先生若有所思地说：“我这是自讨苦吃。”韩小姐笑道：“那我就是自投罗网！”两人相视哈哈大笑，心有灵犀一点通。

如果害怕被拒绝，但又心情躁动不安，急切盼望对方知道自己的心意，那就可以借助实话虚说、借机抒情的方法来进行。当然，也有那种开门见山、直抒胸臆的求爱方式，有时这样直接的方式能给对方留下坦率、真诚的印象，最终获得芳心。

会说情话的男人最可爱

男女在一起的时候，甜言蜜语是必不可少的，爱侣若已到了谈婚论嫁的地步，在言语间也不必过于拘束，反而应当多放点“蜜”。会说情话的男人是非常可爱的。

小孟的老公就是一个会说情话的男人。小孟觉得用“油腔滑调”来形容老公最适合不过。

看看小孟老公的经典话语：

“老婆，你穿这件衣服真是太漂亮了，我都要忍不住多看几眼。”

“街上那么多女人，只有你能把我迷倒。”

“你每天不要太辛苦，有事我帮你做，我们可以多一点时间去外面吃一顿。”

“我们单位的同事都夸你贤惠能干，我真有福气。”

“千万别生气，一生气就不漂亮了。”

“等我们都有时间了，我们一起到外面走走，重温一下我们的蜜月。”

“我给你买了你最爱吃的巧克力。”

“你不在家的日子，我真的是度秒如年。”

“我就爱吃我老婆做的菜。”

“爬高爬低这样的事你交给我就行了，太危险。”

“听说在播一部新的电视剧，很好看，我们一起看吧。”

从新媳妇，到相守多年，小孟和丈夫一直感情很好。尽管生活中难免会遇到磕磕碰碰，可是老公的一席情话总是很快就让小孟忘掉不愉快。

在女人眼中，言语比行动来得更为实际。假如男人不时时刻刻在她们耳边不厌其烦地说“我爱你”，她们就认为难以与对方交流。凡是处于幸福、甜蜜的女性，都是靠丈夫的“爱语”或反复的动作来使自己心安的。

因此，男人的任务之一，就是要满足女人的这种心理，“我爱你”“我喜欢你”这些话，在男人看来也许微不足道，甚至有些花言巧语，但是对女性是至关重要的，这大大显示了女性的内在价值和其对男人无穷的魅力。

一旦女人被男人所认可、接受，她们就会做好一个妻子的本分，爱情也因此变得更加甜蜜。

第十一章

办公室 FBI，公司中的相处之道

在工作中，“多做少说”真的是完全的法则吗？答案是否定的。低头拉车的同时也要抬头看路。认真工作的同时也要能说会道，和领导好好沟通。只有上下协作进行得更加顺利，准确把握领导的意图，说出领导最想听、最爱听的话，才能成为领导身边的红人。

知道自己几斤几两

在领导面前说话，有许多应该注意的地方。因为说对了，领导眉开眼笑，自己会好过；说错了，会惹领导不高兴，虽然不至于说会因此而丢工作，但是后果却会很难设想。如何同自己的领导说话，是人际关系中极为重要的一个环节，如果你能把握好与领导说话的机会，拿捏好说话的分寸，你的事业就会少了很多阻力。

常言道，伴君如伴虎。领导毕竟和一般的同事不一样，况且，和一般同事说话时，还有一定的禁忌，也要注意分寸，所以，和领导说话绝不能太无所顾忌。

年轻干练、办事利落的陈伟，进公司不几年，便获得晋升，他很快成为单位里的骨干之一。可是几天前，换了个新领导，刚一上任，就把陈伟叫了过去：“陈伟，你经验多，又有能力。现在有个新项目，你就多费点心吧。”

虽然还没摸清楚新领导的脾气，可是听新领导这样一说，陈伟以为自己真的被委以重任，不禁欢欣鼓舞。

恰好这天要去某个城市进行谈判，这个城市距离陈伟所在的城市并不是很远。陈伟算了一下，同去的有好几个人，如果坐长途汽车去，一是不太方便，二是车马劳顿，势必会影响谈判效果；如果打车，费用又可能会超出预算；最可行的就是包一辆车了，方便、经济又实惠。

于是，陈伟马上去请示领导。

“领导，您看，我们今天要去 ×× 市谈判……”陈伟把几个方案的利弊都跟领导汇报了一番，并说出了自己的看法。

汇报完，他发现领导的脸色很难看。领导态度生硬地说：“你认为包车这个方案好，可是我觉得你们还是坐长途汽车去吧。”

陈伟很纳闷，自己的建议合情合理，居然被否定了。

职场经验丰富的陈伟确实有凡事多向领导汇报的意识，这难能可贵。可他没有注意自己的措辞。他对新领导说“我决定包一辆车”。这样并不明智，因为做决定的终归是领导。

如果陈伟能这样说：“领导，我们可以选择3种方式到 ×× 市，我认为包车比较可行，但是这方面您经验更丰富，能帮我做个决定吗？”领导一听，也许就会顺水推舟，答应他的请求。在职场中，聪明人永远知道自己几斤几两，他不会代替领导做决定，而是让领导帮他做决定。

有的人知道自己的位置，但是却找不到自己应该说的话，频频对领导说错话。比如："无所谓，怎么样都行。"这句话会让领导认为你这个人很没有礼貌。"您怎么还不清楚啊？"这句话本身就带着埋怨和不满，领导听了自然会不悦。除此之外，还有"辛苦了！""太晚了！""这事不好办！"等，都不适合对领导说。这些话应该是领导对下级说的。和领导说话应该小心谨慎、把握好分寸、分清主次、顾全大体。真的在领导面前说错了话，一旦反应过来后，要立即就此打住，并马上道歉。千万不要因害怕而回避，或是一而再再而三地辩解，以免越描越黑。你应面对事实，尊重对方，必要时再进行说明。

让老板接受你的思想

其实任何一个单位，老板的思想和行为都会对企业的发展前途起着决定性作用，他就像企业的灵魂和头脑一样，只有一个好老板才能带领着企业一直前进，并且步步高升。但每个人都有缺点，老板也一样，不可能是一个完美的人。假如你的老板也在某方面有缺点，而你在这方面却比较擅长，那么从公司的利益来讲，自然是领导听从你的意见比较好。但怎样做才能让老板接受你的思想呢？总不能直接说老板不对，这样可能就面临着丢掉饭碗的危险。这时候就需要你具备一定的说话技巧了。

根据经验来说，要想把自己的思想推销给老板，最重要的一点就是将问题简单化，用最精简的语言让老板明白你的想法，并且在最短的时间内抓住老板的神经。因为他们每天的工作都很忙，时间也比较紧张，他们不会抽出更多的时间听你的长篇大论，那样反而会招致他们的反感。

作为公司的员工，向自己的老板陈述想法，切忌不要与老板进行争论。有人曾经这样比喻，与老板过招，就像古龙小说中描绘的剑客或侠士，输赢就在谈笑间。谈话高手从来不会选择和自己的老板争得面红耳赤，说得唾沫四溅，甚至打得你死我活，因为这样的方式都不明智。

世界著名的咨询顾问公司麦肯锡就存在一条规则，被人称为“电梯测验”。假设你作为销售人员，费了很大的劲才得到拜见客户的机会，没想到你刚走进客户的办公室，这个客户就接了一个电话，然后对你说：“对不起，先生。我有很重要的事要去处理一下。”说完就要往外走，到了门口忽然转过身，对你说：“你为什么不跟我一起走？你可以在电梯里给我介绍你的产品啊。”要知道坐电梯的时间最多也就是 30 秒。这时候就是对你的一种考验，你能不能在这么短的时间内让你的客户了解你的产品，从而对你的产品提起兴趣。这就需要你具备一种化繁就简的能力，用最精简的话语将最精华的部分表述出来，如果你能做到，就说明你离成功又进了一步。

这就跟与自己的老板说话是一样的道理，要想让老板认可自己的方案，同样要求你具备这种“电梯测验”的能力。

让鼓励成为下属的动力

当我们遇到瓶颈期时，当我们遭遇挫折时，都会希望家人、朋友、同事、同学能够认同自己，给自己一点安慰和鼓励。对待下属也是如此。不一定非用实质性的奖励，给予下属一定的鼓励也可以使下属更有干劲儿，更有动力。如果下属总是得不到上级的肯定，势必会打击他对工作的兴趣、对工作的主动性，还会对领导颇有微词。

陈女士是一家知名公司的总经理。为了提高业绩，不久前她刚给下属开完会，决定群策群力，下属方明和刘帅根据多年的营销经验，想出了一套新的方案。这套方案不仅受到了高层们的赞许，收效也超出了预计。陈女士喜上眉梢，但是她并没有和方明、刘帅说什么。

这天，她有事找方明和刘帅，刚步入大厅，便听到了他们两人的对话：

“方明，那个新营销方案，也不知道怎么样了？怎么一直都没听陈总说呢？”这是刘帅的声音。

“应该不会差，这个星期的销售量已经明显提高了。大家都看到了。”方明答道。

“可陈总只字不提，一点表示都没有。好不容易想出来的方案，如石沉大海一样。真搞不明白。”

“可能是人家要求高，觉得这个很平常吧。”

陈女士没能及时鼓励下属，结果使人心生怀疑和不满。通常，下属在做事时大多不会高调地跑到上司面前去邀功，但是上司认为他们也不需要表扬，那就错了。如果上司对下属的成果视而不见，会让下属倍感失落，工作质量逐渐下滑。

侯小姐在一家服装店里做导购，刚工作不久，就被经理表扬。原来，一次，侯小姐在整理货物时，发现货柜上摆放的衣服其中一件有点问题，虽然问题不大，但她还是把衣服移到了角落里，以免顾客对服装做出负面的评价。

经理恰巧看到了这一幕，她认为侯小姐能够适时维护服装店的声誉，很值得表扬。于是，总经理夸奖侯小姐能为公司着想，还决定给她奖励。

一件不起眼的小事就被经理大加表扬，是侯小姐无论如何都想不到的。她不仅对经理心存感激，工作也更加卖力了。

可见，鼓励和表扬的影响是深远的。即使是在给下属布置任务时，上司也可以多用鼓励的话语，如“我觉得你没问题”“你能行”等。下属的努力工作一旦能够经常被赞赏，其心理必然会在很大程度上有所满足。上级的鼓励也会赢得下属的信任，上下级之间的关系也会更加亲密。

放下架子收获真心

人与人之间相处，最重要的就是能够真心相待，只有这样才能拉近彼此之间的距离，搞好关系。俗话说“设身处地，将心比心，人同此心，心同此理”，无论是陌生人也好，朋友也好，甚至是领导与下属之间，要想让彼此之间更加和谐，就要遵循这样的处事方法。

作为领导，不要总是认为自己高高在上，虽然你的职位要比员工高一些，但这仅限于工作关系，就人而言，你和所有的人都一样，只是普通人而已。如果不能认识到这一点，总是用自己的身份示人，那么你和下属之间一定会出现矛盾，即便没有人敢在你面前说“不”，并不代表他们心里就赞同你的做法。这样一定会影响到工作效率和经营问题。要想为公司创造一种和谐的办公氛围，作为领导就应该以身作则，处理问题时，学会换位思考，对待员工也要将心比心。

假如你是领导，想就某件事情说服自己的下属，很多时候并不是你没把道理讲清楚，而是你只站在了自己的立场考虑问题，并没有替对方着想，因此你不懂得为什么会遭到下属的拒绝。其实要想说服别人并不困难，只要你放下自己领导的身份，换个位置，作为员工去考虑，你就会明白自己哪里做得还不够。然后把自己考虑的事情，原原本本地告诉你的下属，可想而知，这样的谈话一定会收获不一样的效果。

有一位厅级干部在他还是个普通职员的时候，有一次他在路上遇到了自己的领导，他本来要下意识地躲开，避免与领导撞面，没想到这位领导竟然走过来亲切地和他打招呼，并且还拉着他攀谈起来。很快这位职员就放下了心里的紧张，感觉两个人的聊天很快乐也很亲切。这件事情在他的心里产生了很大震动，从此以后他努力工作，受到单位领导以及上级的一致赞扬，并且很快就得到了升职机会。

做了领导之后，他经常用前领导的做法监督自己，时刻告诫自己要和下属做朋友，因此也经常找下属谈心，这让职员们都受到很大的鼓舞，纷纷赞扬他丝毫没有架子，同时也加强了员工之间的凝聚力，保证了工作质量。

由此看来，作为领导也要学会与自己的职员相处，如果你整天端着架子，好像不这样做就没有人知道自己是领导一样，虽然员工们表面上对你很尊敬，事实上在他们的心里想法或许截然相反。只有真心对待员工的领导才能真正让员工感到舒心，他们自然愿意为这样的领导创造更大的利益。

第十二章

共同进步，将同事当作兄弟姐妹

除了家人，每天见面时间最久的，恐怕就是同事了。如何同这些不是亲人，胜似亲人的同事搞好关系呢？总是家长里短、搬弄是非可不行。说话的内容、姿态、腔调都有讲究。因为你一不留神，就可能迅速成为办公室里不受欢迎的人。

初来乍到的说话技巧

初到公司的新人，面对新环境，一张张还不熟悉的面孔，如何能打破僵局，和同事进行沟通呢？

大学毕业后，小兰到一家广告公司做推广工作。她每天早晨上班的时候，都精神饱满地问候同事，用一句简单的“早上好”来作为每天的开始。别看只是小小的一声问候，却给别人送去了一天的祝福。下班时，小兰和每个同事都道一句“再见”，代表了自己的友好。假使小兰在工作中遇到了难题，简单的一句寒暄加上一个笑脸就可能使她获得同事的帮助。

小兰就是用这些最简单的方式，逐渐获得同事们的好感的。

每天都要和同事在一起工作、战斗，不要小看了寒暄、招呼的作用。寒暄、招呼都是很微小的细节，看起来似乎很微不足道，打个招呼不过才几个字，脱口而出，完全不用打草稿，但实际上它却能体现同事之间是否互相尊重、礼貌而友好。

和同事相处时，一定不要随便吹牛，自吹自擂。

每个人都有闪光点，同样，每个人也必然有不足的地方。也许你很优秀，在某一方面很突出，而你的同事即使在你擅长的领域不如你，也有可能在其他方面优于你。如果你太自以为是，就会被人讨厌。有些人为了让同事高看自己一眼，对学历、经验等吹嘘不已，别人表面不说，心里却可能很反感。

要想在公司当中有人缘，为自己的发展创造一个良好的环境，就要学会和各种人打交道，取长补短，在同事面前，不要吹牛，拔高自己。

职场新人为了能够和同事搞好关系，经常要找到适合说话的机会。当同事被领导批评后，适时安慰对方是一个不错的机会，可是如果选择的时机不对，方法不对，不仅不会让同事得到安慰，反而会对自己不利。

试想，不论是谁，被老板训斥的时候，心情肯定会很糟糕，他满心的委屈和怒火正无处发泄，确实需要一个安慰的人出现。可是，挨训的人可能对批评自己的老板会有意见。如果你这时马上因为同情去安慰他，老板会怎么看待你？没准儿会觉得你对领导也有意见。所以，你最好先保持缄默。

事后，你再找机会劝慰同事。这样做效果会更好一些，老板不会觉得你对他心有不满，同事的气也消了大半，冷静了下来，更加信赖你。

如果你能够在同事需要帮助时，及时地伸出援手，成功帮他们解围，这不但能给他们留下良好的印象，还能有助于你的发展。一句简单的“我能帮上忙吗？”显得真诚而友好。即使你实在无能为力，别人也会谅解。

不要干涉同事的隐私

对于造谣和中伤，大多数人都深恶痛绝。而对于隐私，虽然有很多人也表示厌恶和排斥，却还是在不知不觉中成了流言蜚语的传播者。

小菲是个典型的“包打听”，又是个大嘴巴。别人有什么事，她都知道得一清二楚。进公司不久的小雪从小菲那儿知道了公司和同事的很多事情，包括老板是怎么白手起家的、公司的历史、同事的房子是花多少钱买的……这些信息对小雪而言，很有帮助。平时有什么好处，小雪都会想着小菲。

可是，小雪发现，除了她之外，公司的其他人都和小菲保持着距离。他们平时和小菲显得不怎么熟络，有什么活动也不经常找小菲参加。大家似乎有意孤立小菲。

像小菲这样的人能够提供别人的第一手资料，但是却并不受人欢迎。因为对于别人来说，这种人太危险，在她面前没有隐私，就仿佛是透明的。别人认为小菲接近自己的动机也不单纯，就是为了套别人的话。

其实，尊重别人的隐私，不仅是一种礼貌，也是一种个人修养。每个人都有些自己的小秘密，都有不想让大家知道的事情。与同事的相处中，要极力避免将别人的隐私作为谈话的对象，否则会有损你的人格，显得你缺乏修养。也许你并不是有心干涉同事的隐私，没有坏心，但是却可能因为这无心之举而破坏了你与他人的和睦关系。

现实生活中不乏一种人，专好推波助澜，把别人的隐私编得有声有色，夸大其词地逢人就说。你虽不是这种人，但偶然谈论别人的隐私，也许你无意中就为别人种下祸患的幼苗，其不良后果并非你所能预料到的。

如果同事能对你说出自己的隐私，那么证明你们之间的关系不错，他相信你。可如果同事一旦得知自己的秘密被大白于天下，八成会认为你出卖了他，生气是小，可能不会再同你推心置腹。因此，不随意泄露个人的隐私可以说是巩固职业友情的基本要求。

三思而后说

有句话叫“祸从口出”，不管是与家人、领导还是同事的相处过程中，嘴上一定要有个把门的，知道什么话该说，什么话不该说，所有的信息都要在脑子里过一遍，心里有个数。

在赵本山和宋丹丹合作表演的小品《钟点工》里，赵本山扮演的大爷为了逗宋丹丹扮演的钟点工开心，讲起了笑话。一只老虎，被蛇咬了一口，老虎急了，就想把这蛇踩死，追到一个小河边，这蛇钻水里去了，老虎在河岸上就这么等，还说“小样的我就不信你不出来”。不一会，从里面钻出来一只王八，老虎上去就把它按住了，“小样的你穿个马甲我就不认识你了？”

他没有注意到，钟点工的身上就穿着一个马甲。钟点工因为这个笑话而脱去了马甲，大爷也意识到自己说错话了，本想补救一下，改正说是一个王八钻水里去了，完事出来一条蛇，老虎说了，“你把马甲脱了我照样认识你！”这下彻底激怒了钟点工。

国外有句俗语说：“言语给人的伤害往往胜于刀伤。”这并不夸张。其实有些人并不是想刻意揭别人的短，是因为直率惯了，说话欠考虑，才在无形中冒犯了他人。

“小张，你怎么这么多白头发啊？”

“老刘，你真是‘聪明绝顶’，上面都要秃顶了！”

对年轻女同事说：“小李呀，你最近可胖了不少！脸都圆了。”

这样的话虽然是事实，但是真的很难让听者接受。在职场中，直言直语是一个对个人发展很不利的缺点，因为喜欢直言直语的人常常只想着自己“不吐不快”，完全没有考虑别人。不论是对人还是对事，这样的话都会让人受不了的，于是，同事们宁可离你远一点，也不愿被你的直言直语灼伤。

所以，说话之前最好是三思而后说，话如果说不好，就会变成一把双刃剑，伤人的同时也伤己。

怎样处理与同事之间的矛盾

在工作中，一些比较烦琐的问题，容易诱使同事之间发生争执，有时会弄得不欢而散，甚至使双方结下“梁子”。人对于不愉快的记忆，尤其是在发生了冲突或争吵之后，很难在短时间内忘却，再怎么妥善地处理，也难免会在心里产生阴影，为了不影响日后的相处，最好的办法还是尽量避免与同事有矛盾。

新进公司的小唐被公司的周大姐训斥了一顿。因为小唐没有及时报账，害得周大姐被老板骂了一顿。周大姐在自己的办公室里气愤地说：“应该自己做的事也不做，不懂也不知道问。我又没拿两份工资。”她办公室里的人都劝周大姐小点声，消消气。

可是小唐和外面的同事都已经听得清清楚楚。周大姐话中有话，明显是冲着小唐来的。小唐既没有围着周大姐给她赔不是，也没有和周大姐吵。她默不作声，依旧做着自己的事情。

隔了一天，小唐在吃完饭后，就主动到周大姐的办公室里，和周大姐聊起了天。小唐先是从这几天的工作聊起，道出了自己的苦水："老板派的任务不仅多，而且件件都是急事。自己经验也不足，没做到位还连累了周姐，真的挺不好意思的。有时真的是没办法。以后清楚了流程，一定会多注意的。"见小唐这么一说，周大姐也放低了姿态。毕竟老板也发话让周大姐带带新人，出了问题自然大家都不好交代。周大姐不仅消了气，在后来的工作中还经常帮助小唐。

人都是有情绪的。在争吵时，双方的情绪往往是过激的。一旦相互之间有了不同的看法，也别着急，最好以商量的、平缓的口气提出自己的意见和建议，选择得体的语言。应该尽量避免用"你老是弄错""你根本不懂"这类会伤害别人的措辞。这种带有否定、贬损意味的话，必然会引起对方的不悦和反感。

和同事有矛盾，有分歧，多会觉得是对方不肯合作，如果自己不能冷静，也成为一个难以合作的人，双方势必会留下心结。这时不妨先打个圆场，比如，"我们都再想想，是不是还有别的办法……""我知道你着急，可是别差这一会儿，要不错了咱们都不好交代"，用缓和平稳的语言，给彼此一个缓冲的时间。如果可以，最好能表示宽容和忍让，忍得一时之气，却能表现出你的个人修养，让别人觉得你大度，也能使对方冷静下来。如果能够和平相处，解决矛盾，说一些退让的话又何妨呢？

第十三章

从北京到南京，买的没有卖的精

得罪谁也不能得罪客户。他们就是你的衣食父母，是你的金库。要让客户都围着自己转，就要把他们哄得团团转。嘘寒问暖、不住赞美、多多致谢，多说几句话，就能让客户记住你，为你带来收益和成就，何乐而不为？

说什么都是为了钱

做生意大多需要谈，因为生意并不完全是做出来的，而是需要同客户交流，谈判。沟通交流，最基本的就是从“说”开始，你如果说不到点子上，不会表达，纵然有大客户，也会失去他。

一条街上有两家鸭脖店，一家老板姓王，另一老板姓杨，两家店鸭脖的味道都差不多，可是杨家的生意要比王家的好得多。老王经常纳闷：这是为什么呢？

原来，奥秘就在于：同样是卖鸭脖，杨老板总是会和顾客多说一些话。“下班了啊。”“上火吃点凉菜吧，我给你少放点辣。”街坊邻居都愿意和他聊聊天，所以经常来光顾。后来王家实在没有多少生意，只好不干了。

所以，做生意的人不仅要充分了解用户的需求，还要研究用户的心理，像杨老板那样热情、主动地同客户多说说话，多一些交流和沟通，让客户感觉你不是单纯地向他们出售商品，而是和客户站在统一立场，为客户着想，为他提供方便，客户自然会认可你的产品和服务。

语言就是有如此神奇的力量。当今社会，有时做得漂亮，不如说得漂亮。在竞争激烈的商场上，语言的作用就显得更为重要了，甚至能产生巨大的价值。

情人节之前，街上有好多卖玫瑰花的女孩子。一个女孩半天才卖出了几支玫瑰花，她问了好多独自行走的男士，也问了好多情侣，却收获甚少。而另一个女孩却在很短的时间里就卖出了好多。她专门向有女士同行的男子推销。每次她都热情地说：“先生，您的女朋友真漂亮，今天过节，送一束玫瑰花吧。”情侣会很欣喜地买一束或几朵玫瑰，即使不是情侣，男子也会不好意思，多半会为了“漂亮”的女伴而买一朵玫瑰。

话要说得漂亮到位。同样是卖玫瑰，卖得好的女孩巧妙地抓住了人们的心理。一束玫瑰，不仅让漂亮的女朋友特别开心，也让男士赢得了美人心，自己更是赚了钱。一束或几朵玫瑰同一朵玫瑰相比，一下子多卖出了不少。

不论是小买卖，还是大生意，说话说到位可以画龙点睛，为自己争得更多的利益。在生意场上，语言已经不再是单纯意义上的沟通和交流，而是生金生财的助力。

你敢为顾客读赞美诗吗

为顾客读一首赞美诗，是每个营销人员都应该学会的一堂课。

有些营销人员觉得没必要赞赏顾客。太直白的赞美，抬高顾客，会显得自己很做作，身份很低。但你若是个有心人，肯随时准备赞美你的顾客，那你就已经具备了赞美最基本的条件。毕竟，大家都愿意听好话，不是吗？

一条街上并列着几家服装小店，甲店里冷冷清清，乙店却挤满了顾客。虽然小店的规模、经营品种都差不多，但是为什么会有如此大的反差呢？奥秘就在于服务员的语言上。

同样是服务员，甲店和乙店的服务员在说话上却十分不同。甲店是街上的第一家，从位置上很有优势，可是几个年轻的服务员总是一起说说笑笑，嗑瓜子，有顾客进店里，也不热情地招呼。乙店在街里边的位置，许多顾客都是看完了别家，才来到这家。然而，服务员却对任何一位顾客都施以问候，在客户挑选衣服时，都积极为其介绍。面对身材已经走样的妇女，服务员会帮她挑选比较肥大的衣服，并说："这件衣服比较成熟庄重，既适合您丰满的身材，又能衬托出您的气质。"对于在意年龄的女孩，服务员会说："这件帽衫会让您显得更加青春活泼，而且永远都不会过时。"除了介绍衣服的面料、做工之外，服务员都不忘赞美客户，华贵、有气质、身材好、青春……乙店服务员从来就不吝啬赞美的词语，而顾客看着镜子中的自己，也觉得自己不一样了。

对乙店的服务员来说，顾客买的不仅仅是衣服，还是感觉。现如今，顾客购买衣服在一定程度上并不仅仅是出于保暖遮羞需要，而是一种满足，一件衣服能够带给顾客更多的魅力、自信，所以更要让顾客看到这一点，用赞美强化顾客的购买欲望。

比起西方人，东方人总是不习惯当面赞赏人，导致我们听到的赞美也很少。因此，当一个营销人员向顾客发出其从未听过的赞美时，会引起奇特的反应。当营销人员能熟练地为顾客大唱赞美诗时，赞美会换来意想不到的价值。

依然谢谢你

一些商店要求导购在顾客出门的时候，一定要说“谢谢惠顾，欢迎再次光临！”不管顾客有没有购物。这免费的话语会起到什么样的作用呢？

这一类的话语看似平谈无奇，却能给人形成一种心理暗示：“我没买东西店家依然热情，那下次再来看看吧。”买了东西的顾客和没买东西的顾客，都可能就此产生再来购物的愿望。人对于感情，尤其是外来的，大多非常敏感，这不起眼的一句话，真的就会“打动顾客的心”，形成再次购物的契机。

马明是一位电脑销售员，他在和顾客打交道时，非常谦虚、诚恳，在热情的介绍之余，一直不忘感谢顾客。

当顾客在电脑前驻足流连时，他说：“让我来为您介绍一下吧。”如果顾客后来表示没有兴趣，想要离开，他也会说：“谢谢您听我的介绍。”

如果顾客既没有离开，也没有明确表态，他会非常诚恳地请顾客亲身体验，顾客若犹豫地回答“这个嘛，下次吧”或是直接拒绝的时候，他就会说：“非常谢谢您，要不我们再看一看其他的机型吧。”

马明会积极引导顾客给出肯定的答案。而对于顾客否定的拒绝：“我现在还不需要，等我有需要时再联系你。”他会说：“没关系，如果您或您的朋友有需要，一定联系我。真的非常谢谢您。”

马明的感谢是极为有必要的。感谢给顾客留下了深刻的印象，这种不厌其烦，深深打动了顾客。有的人只是随便看看，但是听完他的介绍后，又有买新电脑的冲动；有的人家里已经买了电脑，可是想到儿子就要到外地读书，买个电脑比较方便，就会多留意新的电脑。电脑普及的今天，顾客的选择更多了，交易的失败原因更是数不胜数，但是一定不能在最后给顾客留下不好的印象。顾客“不买”的打算被一点一点否定后，决定购买的意愿就会相应提高。而且这样说出的感谢，每一次其实都是在驳回顾客的拒绝。

买卖不成仁义在。一句诚恳的“没关系，还是谢谢您”，不仅让顾客心里感到好受，也可能会有意外的收获。要促进交易，就要多利用顾客的心理，让他“不会忘”“忘不了”，用语言为下次成功交易打下感情基础。

一开口就充满爱

一开口就是爱，远胜过一开口就是害。这不是危言耸听。商场上，尔虞我诈屡见不鲜。对你不熟悉的人，如果你说的话不合适，对方很可能会心生警觉，怀疑你是不是在设“陷阱”。如果你所说的都是关爱之话，对方就会逐渐放松警惕心，慢慢接受你。

一个深知说话之道的营销高手，在对客户初次进行自我介绍时，通常不会单纯地介绍自己，提出自己的意见，因为这样会引起对方的反感。若先表示出对对方的关爱，站在对方立场上去看问题，就更容易获得对方的信任，让对方乐意听你说下去。营销是一场心理战役，如果客户觉得你是在设陷阱给他跳，他肯定不会接受，但是你一旦打开了他的心门，则可以顺利地完成销售任务。

有一个笑话，讲的是一个吸尘器推销员，他给一位家庭主妇推销吸尘器时，把烟灰、饼干渣、碎纸片等通通扔到地上，然后说:

“我会让您看到我们的吸尘器是如何工作的，它的吸尘效果要比任何吸尘器都强，要不然我就把这些都吃了。”主妇到厨房给这位推销员拿了一个汤匙，推销员纳闷地说：“您拿汤匙做什么？”主妇回答说：“我想你应该会用到，因为今天停电。”

这位推销员只得尴尬地离开。

而营销高手则会这样做：先询问主妇的家庭情况，聊聊她的丈夫、孩子，表示了解并同情其境遇。试想，一个被烦琐的家务、几个孩子缠在身上的母亲，没有自己的娱乐，没有时间化妆打扮，每天都要收拾打扫，她多么需要一台吸尘器来解放自己啊！看着每天被孩子们当成战场的家，每天期望回到干净整洁的家的丈夫，自己更需要一个好帮手。

诚恳的关爱，将主妇自然而然地拉到了自己的一边。

每个人都需要别人的关怀，关怀的话语令人温暖，令别人更容易敞开心扉。即便你同所谈话的对象并不是十分熟悉，对方已经很劳累，或正因某事而伤脑筋，适当的关怀都不会错，这能够帮助他们暂时摆脱疲劳与烦扰。当他（她）感受到了你的知心，从而愿意与你进行进一步的交谈，进而为你向他介绍商品提供机会。

幽默风趣，促进营销

许多人发现，在营销过程中，一味地介绍产品并没有取得预期的效果，反而会令顾客很不耐烦，这是怎么回事呢?

心理学家认为，在听别人讲话时，人的注意力每隔五到七分钟就会有所懈怠。要消除对方的心理疲劳，不妨在营销洽谈过程中适当地加入一些风趣的言辞。因为幽默风趣的言语可以活跃气氛，拉近人与人之间的距离。

一位著名的演讲家在一次盛大的会议里需要上台发言，他被安排在最后。他发现，因为之前的演讲家大多长篇大论，发言的时间过长，台下的听众们都昏昏欲睡，当他上台时，台下已经是一片沉闷。他见状，便微笑着说:“大会既然安排我最后一个发言，那我就为前面的发言画上一个完美的句号吧。”台下立刻报以热烈的掌声。

演讲家临场发挥，放弃了之前准备的演讲稿，而是用一句话画龙点睛地结束了整个会议，从而让听众们都记住了他。演讲家巧妙运用幽默，取得了不错的效果。而好的营销员，当洽谈中出现意外时，也会用风趣的言辞来扭转战局。

有一个资深的营销员，他想将名片通过秘书交给董事长，董事长连看都没有看就让秘书还回去。营销员没有接收，而是又把名片交给秘书："没关系，我下次来拜访时还会用到，还是请董事长留下名片。"秘书只好硬着头皮，又把名片递到董事长的跟前，正在气头上的董事长把名片撕得粉碎，丢到地上。他拿出10块钱说："我用10块钱买他一张名片，足够了吧！"当秘书将10块钱和撕碎的名片交给营销员后，营销员不仅没有灰心失望，反而高兴地大声说："请你转告董事长，10块钱可以买两张名片，我应该再给他一张。"又从口袋里掏出一张名片交给秘书。董事长笑着从办公室里走了出来，说："这样的营销员真是少见，一定得见见他！"

有了这样的开始，生意接下来就容易多了。在生意场上，人们非常欢迎善于调节气氛的对手。

在谈判即将拉开帷幕时，气氛难免会有些紧张。但是，如果用幽默来调剂，让大家的心情放松下来，从而打破紧张的局面，有助于取得良好的效果。要想在商场中游刃有余，不露锋芒地促进营销，需适时展现幽默，用幽默来打动人心。

第十四章

亲子话题处理好，与孩子交流要有分寸

为人父母，和孩子的交流是必不可少的。怎么说才能让孩子更听话？怎么和孩子更有效地交流？不要做无用功，更不要让你和孩子中间出现鸿沟。在和孩子交流之前，也要注意拿捏分寸。这样的父母才是明智的，他们能把话说到孩子的心坎儿里，同时也会成为孩子忠实的倾诉对象。

这样说话孩子更爱听

亲子关系的重点在于父母要走进孩子的内心世界，要想消除与孩子之间的代沟，首先需要读懂孩子内心的秘密。其实孩子内心最大的秘密是情感，或情感的焦虑。即父母必须掌握情感交流的秘方，让孩子敞开心扉和自己说话，增加彼此之间的信任和感情。

通常情况下，孩子遇到了问题或烦恼，他们首要求助对象是父母。如果父母不善于与孩子交流，忽视了孩子的感受，也就从一开始就阻断了与孩子之间的融洽关系。

小羽有个外号，叫“爱哭鬼”。暑假时，她的表妹小童来跟她住了一个假期。暑假快结束时，小羽非常舍不得表妹离开，眼泪汪汪地对妈妈说:“小童就要走了，以后又只有我一个人了。”

妈妈很轻快地说：“有时间她还会过来玩的。”

小羽回答说：“可是我不想让她回家。”

妈妈开始安慰她：“这哪儿行啊。小童也想她的爸爸妈妈了。”

“不，我不要她走！”小羽顿时哭起来了。

妈妈也生气了：“你都快念中学了，还是这么喜欢哭。”

小羽狠狠地瞪了妈妈一眼，跑进卧室里，哭得更伤心了。

如果妈妈能这么想：女儿很难过，我应该尽最大的努力来帮助她，尽量设法使她知道我明白她内心的感觉。如果懂得这样想，她就可以用以下方式来安慰女儿：“小童走了，让人觉得很寂寞。”“你们俩这么要好，真舍不得让她走。”

“你会想她的。”这种方式使父母与孩子之间产生亲密的感觉。一旦了解了孩子的内心感受，并给予适当的同情、安慰和诱导，孩子的寂寞和情感创伤感就会慢慢消失。了解和同情孩子的感受是父母联系孩子情感的纽带，可以治愈孩子受伤的心灵。因此，父母必须对情感交流的技巧加以自觉的领会，架设好与孩子之间的情感交流的“桥梁”，达成和谐美满的亲子交流。

要知道，孩子希望能够平等地与父母谈话。如果父母总是很严肃，高高在上，就很难和孩子交心，孩子要么会不愿和父母谈话，要么就用假话对付父母。所以，父母和孩子谈话时，要从孩子的角度出发，用孩子能理解的语言进行平等的沟通，这样的话孩子才更容易接受。

与孩子有效沟通的秘诀

许多父母发现，随着孩子年龄的增长，同孩子的沟通越来越困难。自己的苦口婆心被孩子当成了耳旁风。那么，父母如何说才能让孩子真正把话听进心里去？如何才能摆脱沟通危机？

沟通是一门学问，需要讲求方式。一位教育家说得好："父母教育孩子的最基本形式，莫过于同孩子之间的沟通。世界上最好的教育，是在和孩子的完美沟通中实现的。"父母在和孩子进行沟通时，在沟通之前应先充分了解孩子。

小玉的父母发现自己的女儿变了，16岁的小玉开始喜欢买衣服、买化妆品，父母觉得小玉还在上学，应该把精力都放在学习上。可是看着每天精心打扮的小玉，父母不知道该怎么和小玉沟通。

微博进入了母亲的视野，母亲有了办法。

晚上吃完饭，母亲把做完作业的小玉叫到电脑边，让她看自己先前看到的一条微博。微博里有许多国家的学生校服，小玉看得很着迷，里面的女生校服有的真的很漂亮。可是，她马上嘟起了嘴，对母亲说：“我们现在只能穿运动服，我平时都是把自己漂亮的衣服穿在运动服里面。”

母亲微笑着说：“我们像你们这么大的时候，穿件白衬衫、绿军裤，就很拉风的。等你上大学时，就可以穿着自己喜欢的衣服了。”小玉不以为然：“我真羡慕女大学生。穿得那么好看，还可以化妆，打扮得漂漂亮亮的。”母亲继续说道：“是啊，像你们这个年纪，不用化妆也很美。可是对化妆品有了依赖之后，想不化妆都不行，到时候只会更老更丑。”小玉一听，不乐意了，说：“其实你就是想说我吧。”母亲说：“我是看一条新闻上写的，韩国有位美少女，因为连睡觉的时候都不卸妆，没几年就老得像大妈一样。”

小玉开始还不信，看过那则新闻后，一脸难以置信的表情。母亲发现，小玉用在化妆、挑衣服的时间少了，又做回清清爽爽的“邻家女孩”了。

当孩子茫然无措时，真的很需要家长支着。他们需要倾诉的对象。父母只有多倾听孩子的心声，才能与孩子更好地沟通。当孩子向你诉说高兴的事时，你应该有所回应，而不是漠不关心。孩子向你诉说不高兴的事时，你应该让他（她）发泄出心中的不满，并表示同情。不管孩子说的话题你是否感兴趣、有没有时间，都应该耐心听完，你可以使用“嗯”“噢”“是吗”“后来呢”等词语，表示你正在关注他（她）所说的，鼓励孩子继续说下去。孩子会更乐意向你倾诉，也提高了语言表达能力，可谓一举两得。

不要和孩子这样说话

父母与孩子的关系自然是亲密的，这使一些父母认为和孩子说话无须顾忌，其实并非如此。孩子与父母在年龄、阅历和心理等方面有很大的差异，如果父母不能注意这些差异，对孩子说一些不适合说的话，势必会伤害他（她）的心理。

小燕的父母性格很急躁，脾气也很暴躁，一生气，便说一些伤害小燕的话。比如，“你这个白痴”“真没用”等等，腼腆且容易害羞的小燕觉得特伤自尊心，这些话犹如一柄柄尖刀，给她幼小的心灵留下了挥之不去的阴影。

有时候，父母常常喜欢拿小燕和别人家的孩子相比。“你看人家，门门功课都能拿满分！”“你比人家差远了！”这样的话语，让小燕心里产生了深深的不安。她觉得自己一无是处甚至已经没有希望，没人会喜欢自己。

父母发现，小燕好像总是有心事。以前总喜欢缠着父母的小燕，放学后开始不按时回家了，放了假也跑出去，她似乎很害怕父母。

归根到底，是因为小燕父母的说话方式不正确。这种错误的说话方式，令小燕对家产生了恐惧，对父母产生了反感。

孩子不是父母的出气筒。但是有些父母，自己一不顺心就拿孩子撒气。如“别来烦我，找你爸去”，“怎么不说话，哑巴了啊”；孩子有时缠着父母问些事情，父母便没好气地说：“别问我，不知道。”“老问啥，烦不烦……”这些态度恶劣的话，是父母应该避免的。父母说话没好气，孩子不敢接近。当他们实在不能继续承受时，便会躲得远远的。

所以父母和孩子说话要注意方式方法，注意沟通技巧和内容，不要伤害孩子幼小的心灵。